上市公司訊息披露
質量評價及市場效應研究

余 杰 著

崧燁文化

前　言

　　資本市場是產權交易市場，證券作為產權市場的一種特殊商品，把充分披露的信息作為定價基礎，持續、充分的信息披露是上市公司的基本義務與管理層的基本責任，也是證券市場監管的一項重要內容。資本市場高透明度的信息披露與傳遞有助於防範證券市場所有參與者的信息不對稱、提高證券定價的準確性與資源配置的效率。國外成熟證券市場實證研究表明，上市公司信息披露質量的提高有助於降低資本市場的融資成本、提高證券市場的流動性。

　　中國的證券市場在發展中不斷規範，在規範中不斷發展，雖然也在不同時期、不同程度上存在「資金市」「政策市」「消息市」「內幕市」甚至「賭場市」特徵，但信息披露始終是證券定價的基礎，是管理層監管的重心，並且是逐步克服「消息市」「內幕市」「賭場市」，保護中小投資者最有效的工具。

　　經過多年發展，中國上市公司信息披露的質量及其分佈狀態如何，證券市場的定價機制是否能夠有效地利用這些信息，是一個非常重要的研究課題。本研究正是在構建上市公司信息披露質量評級指標體系的基礎上，運用實證研究的方式就信息披露對資本市場融資成本與市場流動性的影響進行經驗研究。

　　本研究的主要創新在於：

　　1. 從強制性信息披露和自願信息披露兩方面，及時性、完整性、合規性、充分性等維度，建立了能夠綜合反應中國上市公司信息披露質量的綜合性指標體系，並檢驗了其在分辨「好公司」和「差公司」之間的有效性。

　　2. 運用改進的盈餘操縱計量模型（計算總體操控性利潤時使用包括非經常性損益在內的總利潤而非經營性利潤）計算了樣本公司的盈餘操縱系數，並通過檢驗盈餘操縱系數與信息披露直接評價結果的相關關係，證實

了中國上市公司盈餘操縱系數與信息披露質量的替代關係，填補了國內相關研究的空白。

3. 通過自行建立的包括強制性信息披露與自願性信息披露內容的綜合評價指標體系與資本市場成本的相關性檢驗，證實了上市公司信息披露透明度質量的提高對於降低上市公司資本市場融資成本的促進作用。與目前國內只研究自願性信息披露與資本成本的關係相比是一個改進。

4. 利用深交所信息披露質量評價的結果，檢驗了上市公司信息披露質量與公司證券在資本市場上的流動性的關係，證實了信息披露質量的提高對於提高證券交易流動性、降低交易成本從而提高證券市場交易效率的重要作用，填補了國內相關研究的空白。

研究結果表明，儘管存在種種不足，但中國證券市場已經具有一定程度的信息有效性，證券市場能夠通過降低資本成本、增加股票交易的流動性方式獎勵信息披露質量較高的公司。這對那種認為中國證券市場不具有有效性、信息披露沒有什麼作用的觀點是一種否定的回應。中國證券市場要進一步提高效率，必須依賴高透明度的信息披露，並堅定不移地加強信息披露監管。

餘　杰

目　錄

1　導論 ／ 1
　　1.1　研究背景與目的 ／ 1
　　1.2　研究主要內容 ／ 4
　　1.3　研究方法與邏輯 ／ 6
　　1.4　主要創新點 ／ 6
　　1.5　主要不足之處 ／ 7
2　訊息披露的理論基礎 ／ 8
　　2.1　上市公司訊息披露目標 ／ 8
　　　　2.1.1　企業財務報告目標研究及其發展 ／ 8
　　　　2.1.2　上市公司訊息披露的目標 ／ 12
　　2.2　訊息披露動機的經濟學解釋 ／ 19
　　　　2.2.1　強制性訊息披露的動機 ／ 19
　　　　2.2.2　自願性訊息披露的動機 ／ 21
　　　　2.2.3　有效市場理論與充分訊息披露 ／ 22
　　2.3　訊息需求者的訊息需求內容 ／ 23
　　　　2.3.1　國外關於訊息披露內容的研究 ／ 23
　　　　2.3.2　國內關於訊息需求內容的研究 ／ 30
3　上市公司訊息披露透明度及其評價 ／ 32
　　3.1　訊息透明度內涵概述 ／ 32

3.2 上市公司訊息披露透明度評價文獻綜述 / 35
　3.2.1 國外公司訊息披露透明度評級 / 35
　3.2.2 中國關於上市公司訊息披露評價的研究及實務 / 36
3.3 訊息披露透明度評價指標構建 / 39
　3.3.1 訊息披露指標的構建方式 / 39
　3.3.2 本文構建的訊息披露標準 / 40
3.4 樣本選取及統計結果分析 / 43
　3.4.1 樣本選取 / 43
　3.4.2 統計結果及分析 / 44
　3.4.3 統計結論 / 45
　3.4.4 各類指標之間的關係考察 / 45
3.5 上市公司訊息披露違規行為處罰的市場效應 / 46
　3.5.1 樣本選擇 / 46
　3.5.2 時間窗口選擇 / 46
　3.5.3 超額收益的計算方式 / 46

4 訊息披露質量的影響因素分析 / 50
　4.1 影響上市公司會計訊息透明度質量的利益相關者行為分析 / 50
　　4.1.1 股東行為與訊息透明度 / 50
　　4.1.2 債券投資者行為與公司訊息透明度 / 55
　　4.1.3 管理層治理與公司訊息透明度 / 56
　　4.1.4 政府相關行為與公司訊息透明度 / 62
　　4.1.5 企業職工以及管理契約與公司訊息透明度 / 63
　　4.1.6 仲介機構行為與公司訊息透明度 / 65
　　4.1.7 政府監管行為與公司訊息透明度 / 68
　4.2 訊息披露質量影響因素的實證研究 / 73
　　4.2.1 訊息披露質量影響因素的實證文獻綜述 / 73
　4.3 實證模型設計 / 77

  4.3.1 研究方法、研究假設及數據來源 / 77

  4.3.2 實證結論與分析 / 78

 4.4 本模型的再探討 / 83

5 訊息披露質量與盈餘質量的相關性研究 / 85

 5.1 盈餘管理與訊息披露質量的實證研究綜述 / 85

 5.2 盈餘管理度的測量方法 / 86

  5.2.1 應計利潤分離法 / 86

  5.2.2 替代法 / 89

 5.3 樣本公司盈餘管理度的測量 / 89

  5.3.1 本書的模型設計 / 89

  5.3.2 樣本選取及數據來源 / 90

 5.4 盈餘管理與訊息披露質量的相關性分析 / 95

6 訊息披露質量與資本市場成本 / 98

 6.1 訊息披露與資本市場反應文獻綜述 / 98

  6.1.1 國外文獻綜述 / 98

  6.1.2 國內文獻綜述 / 100

 6.2 樣本公司資本成本計算 / 101

 6.3 資本成本與訊息披露質量的實證關係檢驗 / 107

  6.3.1 資本成本影響因素的實證文獻 / 107

  6.3.2 研究假設及樣本設計 / 110

  6.3.3 資本成本與總體訊息披露質量研究結論 / 112

  6.3.4 資本成本與自願訊息披露質量的研究結論 / 115

  6.3.5 資本成本與盈餘管理程度的關係 / 116

 6.4 資本成本與訊息披露的及時性 / 117

  6.4.1 上市公司訊息披露及時性的國內實證文獻 / 117

  6.4.2 年報披露及時性與資本市場成本 / 118

7 訊息披露質量與資本市場流動性 / 120

    7.1 訊息披露質量與資本市場流動性文獻綜述 / 120

        7.1.1 國外文獻 / 120

        7.1.2 國內文獻 / 122

    7.2 市場流動性的定義與度量 / 123

        7.2.1 市場流動性的定義 / 123

        7.2.2 股票市場流動性的度量方式 / 124

        7.2.3 本書研究採用的流動性度量方式 / 126

    7.3 樣本選取與研究設計 / 126

        7.3.1 樣本選取 / 126

        7.3.2 研究時間窗口 / 127

        7.3.3 研究設計 / 127

    7.4 樣本股票流動性結果及檢驗結論 / 127

        7.4.1 樣本公司流動性比率計算結果 / 127

        7.4.2 結論分析 / 130

參考文獻 / 137

附　錄 / 147

1 導 論

1.1 研究背景與目的

信息披露是證券市場永恆的主題。中國證券市場已經走過10多年的發展歷程，雖然只有短短的十幾年，但中國證券市場各方面都經歷了一個跨越式的發展，走過了歐美發達市場國家100多年才走完的歷程。從證券市場的規模看，上市公司最初從深交所和上交所的10多家發展到2006年的1,400多家，市場總值達到GDP的50%以上。特別是隨著中國石化、中國寶鋼、大秦鐵路、中國國際航空等大盤股的上市以及四大國有商業銀行等超級航母在A股上市，A股市場容量不斷擴大，股票市場價值中樞更加穩定。

由於證券市場「殼資源」的重要性以及證券市場缺乏良好的退出機制，作為證券市場的重要主體，上市公司質量呈現兩極分化態勢，高質量與低質量公司並存。一方面由於證券市場建立的最初目的是為各地國有企業脫貧改制輸血，早期上市公司大部分質量較差，屬於所謂包裝上市。其問題主要體現在：一是不能培育並保持市場競爭優勢的核心能力，業績逐漸下滑；二是改制不徹底，經營機制與激勵機制欠缺，法人治理結構不健全，內幕交易與關聯交易盛行，上市公司靠救火式的關聯交易達到自己的目標與利益訴求，大股東靠關聯交易從上市公司獲取不正當利益的現象比較普遍，而且這種現象並不僅僅限於國有上市公司，民營上市公司也有過之而無不及之勢。另一方面，產品有市場、競爭力強、主營業務突出、經營穩健、信息披露規範的上市公司也越來越多。這一方面是因為證券市場

不斷吐故納新，一部分公司退市，而好的公司不斷加入進來①。特別是一些處於壟斷行業的上市公司如石油、電信、銀行、鐵路、航空等績優企業的上市，以及一批成長空間大、經營機制靈活規範的中小企業的上市，使得證券市場既有股價穩定的大藍籌股，又有成長性好、價值想像空間大的成長股，公司類型品種豐富，能夠滿足投資者的多樣化需求。

在證券發行制度方面，證券 IPO（首項公開募股）發行從開始的審批制發展到現在的審核制，市場化定價的因素開始起更多的作用。審批制下，國家證券監督機構對 IPO 股票的發行及信息披露質量有隱含擔保之嫌，雖然適應於在一段時間內國內證券投資環境很不完善的現實並對發行證券的質量起到了把關作用，但也不利於證券發行與認購的各方責任主體形成各享其利、各擔其責的明確的權利責任體系。證券發行從審批制下的「額度制」「通道制」到審核制下的「保薦制」，證券監管機構的職能從直接對上市證券進行定價到主要定位於對證券上市資格的合規性、信息披露的及時充分性進行審核。證券發行的定價由上市公司、投資銀行、投資者等參與主體自主往還詢價而定，價格更能反應投資者對公司股價的預期。證券監管機構的監管從實質性監管向形式合規性監管的轉變有利於減輕監管者的負擔，提高監管效率。「管好你自己的事，其他的讓投資者和法律去做。」監管者首先要做好的就是抓好上市公司的信息披露。

在投資者關係方面，過去多年造成證券市場最大的問題就是股權分置，即同為上市公司股權，卻分為流通股權與非流通股權。非流通股權包括國家股與法人股。與流通股權相比，非流通股權擁有與流通股相同的投票權利以及利益分配權利，雖然不能流通，只能協議轉讓，持股成本低，但往往擁有控制權。具有這幾個特點的非流通股份會產生以下后果：一是初始投入同股不同權，非流通股持股成本往往以淨資產折價，而流通股購買溢價倍數往往為數十倍，然而並非每一個企業的創始成本中都會有如此高的無形資產溢價；二是持有期間股利分配實質上的同股不同權，因為初始持有成本差異大，即使每股同樣分紅，流通股股東與非流通股股東收益差異仍然很大，這也難怪中國上市公司中，股民不看重分紅而看重資本利得，即使在投機方面的收益，中小投資者也是傷痕累累；其三，由於股價波動與非流通股股東的利益無關，因此非流通股股東並不十分看重股票的市場表現，在非流通股股東現金流量權與持股權的偏離比較大的情況下，

---

① 推陳出新對於證券市場非常重要，這一點從深交所有 3 年暫停新股發行造成的一個客觀事實就是深市上市公司的質量比上交所明顯下滑。

非流通股股東可能更願意使用關聯交易從上市公司掏走資源而不是認真經營以獲得資本利得。

證券市場是虛擬經濟，股票是一種特殊商品，股票本身代表一種剩餘權利，與其他商品不同，其價值不能通過鑒賞股票憑證本身的質地、性能、成分、成色等分析出。其價值完全要依靠關於公司價值的信息披露，影響並用以判斷公司價值的因素很多。從數量關係上看，有定量的信息和定性的信息；從與會計的關係上看，有會計信息與非會計信息；從披露的要求看，有法定要求披露的信息與自願披露的信息；從與上市公司股價是否敏感的角度來看，有股價敏感的重大信息與非敏感信息；從信息的合規性來看，有真實、完整的會計信息與虛假的會計信息。總之，投資者的持有、賣出決策取決於其預期公司價值或者股價的變動，而股價或者價值的變動主要取決於公司當局對公司價值變動及其影響因素的識別能力並願意披露的透明度。

中國證券市場從無到有，信息披露的各種規定相繼出抬並且不斷得到完善，但是發展的過程曲折異常。中國資本市場被人詬病為「賭場」，投機氛圍濃厚，莊家操縱市場前赴后繼；虛假信息橫行無忌，銀廣、藍田股份之流層出不窮。市場經濟是誠信經濟，股票市場是信息經濟，更是誠信經濟，信息不及時可靠不利於決策，信息虛假也會誤導決策，中小投資者更是因此而損失慘重，再加上法律懲戒機制的不配套，使得投資者受到的傷害無法得到補償。

中國證券市場經過兩次大牛市與熊市的洗禮，逐漸成熟起來，「政策市」「消息市」的股市特徵逐漸減弱，股票市場的有效程度不斷提高。中國資本市場需要大力發展，中國企業最缺的資源在今后一段時間內還是資金，企業健全的資本結構離不開股票市場的支持，股票市場的發展是對銀行間接融資金融風險化解最有力的支撐。讓廣大中小投資者共享生產力最活躍部分的成果，也需要大力發展股票市場。資本市場資源的有效配置，離不開完善、有效的信息披露體系。資本市場股權分置問題的解決、相關法律及其執行機制的不斷完善、投資者的日漸成熟宣告了上市公司價值投資時代的到來。價值投資，就是要求上市公司以價值為核心進行信息披露。信息披露，不僅要有助於對價值的歷史成本進行定價，更重要的是要有助於判斷公司未來價值從而也有助於投資者投資未來價值變動。然而，中國資本市場信息披露的現狀如何，市場對於信息披露的有效性如何，必須有一個理論與實踐上的判斷與回答，以有助於投資者與信息披露規則制定者判斷信息披露的有效性、功用及其改進方向，這也是本書的研究背景

與研究目的。

1.2 研究主要內容

　　上市公司信息披露的主體是上市公司，責任在於其管理當局。信息披露的內容主要包括有助於瞭解上市公司發行的證券價值及其變動的所有信息，既有會計信息也有非會計信息，既有定量信息也有非定量信息，既有價值信息也有非價值信息，內容極其廣泛。上市公司信息披露質量不僅與公司本身會計業務素質相關，更重要的是取決於公司的內部治理結構的完善程度。信息披露的鑒證主體主要是會計師事務所，其職責主要是就財務報告中的財務報表及其附註部分給予合理的鑒證，通過實施必要的審計程序，以判斷企業的財務報告是否遵循公認會計原則來編製，是否真實、一致、公允地表達了企業的財務狀況、經營成果及現金流量。信息披露的內部監督主體主要是監事會與獨立董事，外部監管主體主要是證監會及其派出機構、證券交易所等，其中證券交易所對上市公司的信息披露負一線監管責任，通過建立一套完整的監控指標，審核上市公司的定期報告與臨時報告是否按照相關的準則與制度要求編製，對於不符合要求的信息披露通過監管函、詢問函等方式督促上市公司加以更正，對於不按時披露各種信息以及虛假披露各種信息的上市公司給予通報批評、公開譴責、股票停牌及通報證監會處理等方式進行處罰。證券交易所的信息披露監管具有及時性、動態性的特點，但處罰力度不夠大、威脅度較小，證監會及派出機構主要進行上市公司的屬地化監管，其監管特點主要是實行分類監管，即針對上市公司違規風險度的大小實施重點監管與一般監管相結合的原則；監管的手段主要是巡迴檢查、重點檢查、專項檢查相結合；檢查內容主要有公司的治理狀況及運作、公司信息披露的合規性以及財務會計處理的合規性等方面，並根據檢查結果的性質與嚴重程度實施相應的處罰，包括限期整改、立案稽查、通報批評、警告、罰款、證券市場禁入等處罰措施。證監會的處罰權威性更強，威脅度更大，但也存在著調查時滯較長、處罰力度較小等缺點。

　　證券市場的直接主體應該是上市公司與證券投資者群體。上市公司是資金的需求方，同時自然應該是證券信息的提供方；投資者群體是資金的供給方，同時自然應該是證券信息的需求方。證券是一種虛擬化的產權，

其價值的大小需要一種定價機制，這種定價機制建立在資金供求雙方信息供求質量高低的基礎之上。證券投資者作為資金的供給方以及證券虛擬產權的擁有者，單位產權的價值定價有賴於資金需求方提供完備的定價信息，信息越完善、越及時、越相關充分，證券定價的偏差與風險就越小，投資者要求的預期報酬的不確定性就越小，上市公司再融資的資金成本就越低，證券市場的交易成本就越小，股票的流動性就越強。這對於雙方都是有利可圖的選擇。

因此，本文的研究立足於建立上市公司信息披露的評價指標體系，主要參照國內外上市公司信息披露透明度指標體系，建立符合中國上市公司特點的信息透明度評價指標體系，在此指標體系的基礎上對選取的上市公司樣本信息披露結果進行評價，得出評分等級以供投資者決策參考。

信息披露決策是上市公司董事會決策的重要內容之一，不僅受到公司治理結構和治理狀況的影響，還受到公司經營性質、經營環境、財務狀況等諸多因素的影響。在得出的信息披露評價指標及評價分數的基礎上，本書探討了上市公司信息披露透明度的影響因素，以便投資者根據信息披露透明度方面「好公司」與「差公司」的財務特徵，提高辨別信息披露「好公司」與「差公司」的能力。此外，本書還建立多元迴歸模型，對影響中國上市公司信息披露質量的諸種因素進行了實證檢驗。

根據資本市場在證券定價過程中反應與消化各種信息的能力，可以將資本市場分為強式有效市場、半強式有效市場、弱式有效市場與非有效市場。國外相關研究表明，美國、英國、新加坡等發達國家的資本市場基本已經達到半強式有效市場狀態，國內諸多研究表明，中國資本市場也已經達到弱式有效狀態，即中國資本市場能夠及時反應各種公開的歷史信息。國外發達國家的信息披露市場效應研究表明，上市公司信息披露透明度越高，資本市場融資成本越低，透明的信息披露還有助於提高證券市場的流動性與效率，因此本書在信息披露質量評價指標體系研究結論的基礎上，重點探討上市公司信息披露透明度質量與公司資本市場融資成本的關係以及同公司股票市場流動性的關係。基於中國資本市場的研究結論表明：高透明度不僅有助於降低公司再融資的成本，還能提高上市公司股票的流動性從而降低交易成本。

在信息披露質量評價的基礎上，本書還探討了上市公司信息披露質量指標與另一普遍得到國內外認同的、反應盈餘披露質量的盈餘操縱系數之間的關係。結論表明本書所選擇的信息披露指標具有較好的代表性，同時也證明了信息披露系數與盈餘操縱系數在反應信息披露質量方面的可替代性。

1.3 研究方法與邏輯

本書採用規範研究與實證研究兩種範式，在信息透明度指標的建立過程中主要採用歸納與演繹等研究範式，但是指標建立過程中指標的選取均是以國內外實證研究成果為依據。在論證信息透明度的影響因素、信息披露質量與盈餘操縱系數的關係、信息透明度與資本成本和市場流動性等方面，則主要採用實證方法中的經驗研究範式。本書的研究邏輯如圖1-1所示。

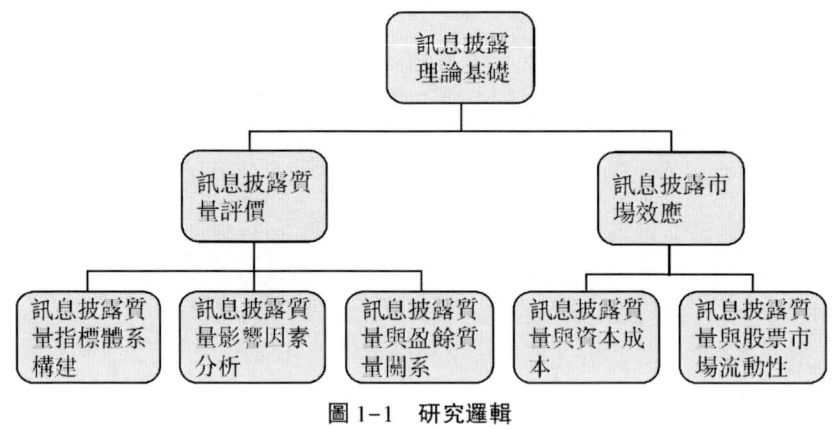

圖1-1 研究邏輯

1.4 主要創新點

1. 建立了能夠綜合反應中國上市公司信息披露質量的指標體系。該指標體系評價內容包括強制性信息披露與自願信息披露兩個方面。強制性信息披露主要考核其及時性、完整性、合規性等質量特徵，自願信息披露主要考核其充分性與及時性質量特徵。具體選取指標時則從審計意見類型及其質量、各種證券監管機構的處罰統計、上市公司自願信息披露、網站披露、及時性6個易於觀察的維度，以此建立綜合性的評價指標體系，與國內目前的研究或實踐中要麼關注強制性信息披露，要麼主要關注自願性信息披露相比，是一種結合性的創新。從評價的最后結果來看，這一指標基本能夠有效區分信

息披露的「好公司」與「差公司」，而且指標之間的自相關度較低。

2. 首次從利益相關者行為角度，多維度地深入探討了在中國特殊的證券市場環境下決定信息披露質量的各種因素，並提出了中國上市公司信息披露的特殊目標是通過充分的信息披露，呈現公司高透明度的價值及其變動圖像，為利益相關者特別是中小投資者的決策服務。

3. 運用改進的盈餘操縱計量模型（計算總體操控性利潤時使用包括非經常性在內的總利潤而非經營性利潤）計算了樣本公司的盈餘管理系數，並通過檢驗盈餘操縱系數與信息披露直接評價結果的相關關係，證實了中國上市公司盈餘管理系數與信息披露質量的替代關係，填補了國內相關研究的空白。

4. 通過自行建立的包括強制性信息披露與自願性信息披露內容的綜合評價指標體系與資本市場成本的相關性檢驗，證實了上市公司信息披露透明度質量的提高對於降低上市公司資本市場融資成本的促進作用。與目前國內只研究自願信息披露與資本成本的關係相比是一個改進。

5. 利用深交所信息披露質量評價的結果，檢驗了上市公司信息披露質量與公司證券在資本市場流動性的關係，證實了信息披露質量的提高對於提高證券交易流動性、降低交易成本從而提高證券市場交易效率的重要作用，填補了國內相關研究的空白。

1.5 主要不足之處

1. 在建立指標體系方面，由於強制性信息披露內容部分大部分公司都能做到按規定披露，但不同公司披露的充分性、準確性、完整性可能有所不同，書中評價強制性信息披露質量方面主要給予了違法違規性指標方面較大權重，而其他方面注意不夠，這樣的指標體系能夠較好區分信息披露質量好的與差的公司，但在較好與一般的公司之間區分度不夠。

2. 自願信息披露的指標選取主要是參照證監會的相關規定，沒有參照國外比較流行的衡量指標體系，似乎在區分度方面還顯不夠；此外，對於同一披露內容，不同公司在披露的詳細程度方面有較大差異，指標體系中賦予不同權重可能效果會更好。

3. 研究的數據主要採用 2004 年度的數據，即橫截面數據。為了使結論更有說服力，后續研究中應該將樣本擴展到時間序列數據。

2 信息披露的理論基礎

2.1 上市公司訊息披露目標

研究企業的信息披露歷史，大體經歷了以帳簿披露為主體的時期、以會計報表披露為主體的時期以及以財務報告為主體的信息披露時期。企業信息披露制度的變遷，原因固然較多，但其根本的推動力應該根植於經濟制度變遷帶來的變化。生產力的發展帶來生產關係的變革，生產關係的變革必然引致公司組織形式、治理結構及其利益相關者利益格局的變化。作為利益相關者價值信息溝通最重要形式的會計及其報告，必然隨著利益相關者需求的發展而發展。因此，研究各種狀態下的信息披露應該以財務報告的目標為邏輯起點。

財務報告的目標主要解決財務報告為誰服務的問題，是財務報告系列問題的總綱領，是解決財務報告報告什麼、怎樣報告等問題的前提條件。

2.1.1 企業財務報告目標研究及其發展

2.1.1.1 企業財務報告目標的理論研究

早在 20 世紀 50 年代，會計理論界就開始將財務報告的目標作為重要的研究對象，其中美國理論界與實務界一直走在前列。著名會計學家利特爾頓在《會計理論結構》一書中，詳細研究了會計的目標。1955 年美國註冊會計師（AAA）所屬「公司財務報表所依據的概念與準則委員會」直接對財務報告的目標進行了深入的研究。

20 世紀 60 年代，對財務報告目標的討論更為重視。1960 年，一篇題為《研究方法結論和會計理論構建》的論文，首次談到財務報告目標在會計理論研究中的重要性，筆者認為「企業在構建一種服務職能的理論體系

中，首要的程序是建立該職能的目的和目標。隨著時間的推移，目的和目標是會改變的，但在任何時期，目的和目標都必須規定明白或有可能地予以規定」（Deuine. C. T. 1960）。20世紀70年代，財務報告目標的研究已受到了會計理論界的廣泛重視。1970年，當時的美國會計原則委員會（APB）發布的第4號報告中專設一章為「企業財務報表編製的基本概念與會計原則」，對財務報告目標進行了闡述。它認為，財務會計與財務報表的目標，就是提供關於一個企業的定量化的財務信息，且這些信息有助於報表使用者（主要是業主和債權人）進行經濟決策。通過財務會計與財務報表的目標，可以確定財務會計信息的適當內容（即一般目標），使財務會計信息具有有用的屬性（即質的目標）。同時，又把遵守公認會計原則，公允地揭示財務狀況、經營成果和財務狀況變動，作為具體財務報表的目標。1971年受AICPA（美國註冊會計師協會）的委託，APB成立了以特魯伯魯德為首的「財務報表目標研究小組」，開始專門研究財務報告的目標。美國財務會計準則委員會（FASB）於1973年成立後，一直重視對財務報告目標的研究，並於1978年發表了第1號財務會計概念公告（SFAC No. 1）——《企業財務報告的目標》。隨著第1號概念公告的發表，對財務報告目標的研究從純粹的理論研究，逐步走向應用研究。財務報告目標的研究受到了全面的重視，並被作為財務會計概念結構的起點。一些后來制定概念結構的國家，都將窺覬目標作為概念結構的中心和起點進行研究與討論。代表性觀點有：

（1）財務報告的目標廣泛集中於對投資者決策有用的信息。財務報告在整個經濟中的作用是提供對經營和經濟決策有用的信息，而不是確定這些決策應該是什麼樣的信息（SFAC No.1，1978）。

（2）財務報表的目標是提供在經濟決策中有助於一系列使用者關於企業財務狀況、經營業績和財務狀況變動的信息。財務報表還反應企業管理當局對交付給它的資源的受託管理責任或對管理的報告責任。使用者之所以評估企業當局的受託管理工作，是為了能夠做出相應的經濟決策（IAS Framework，1989）。

2.1.1.2 財務報告目標的代表性觀點

縱觀國內外關於財務報告的目標，代表性的觀點主要有決策有用觀與經管責任觀兩種觀點。以著名會計學家亨得里克森為代表的決策有用觀認為，財務報告的主要目標是向企業的投資者及其他信息使用者提供經營各種決策有用的信息。持該種觀點的人士認為，財務報告信息應該更加注重會計信息的決策相關性，財務信息披露的主要作用在於為信息使用者提供

決策差異的能力，信息如果不能達到這種功用，即使可靠也毫無用處。以美國另一著名會計學家井鳩雄士為代表的經管責任觀認為，企業會計與財務報告的首要目標是向企業資源的投入者交代受託經管責任，所以財務會計信息的披露，應便於委託者考察資源的保值增值情況，且可以作為評價、考核企業經營者並決定是否聘任的可靠依據。因此財務報告的首要質量指標應該是信息的可靠性。

財務報告的目標不同，信息披露的內容、質量以及披露方式必然有所差異。決策有用觀強調信息披露的決策有用性，因此凡是與利益相關者決策相關的信息，無論是財務信息還是非財務信息，無論是定量的信息還是定性的信息，無論是歷史信息還是前瞻信息，只要具有一定的可靠性，都應該及時披露。由於信息使用者範圍廣泛，利益與風險分佈及偏好迥異，並且隨時間與經濟環境而變化，決策模式以及所需信息各不相同，因此要求企業信息披露的內容、範圍、時間、方式隨著環境和時間的變化而變化。一般認為，決策有用觀比較適合於股權分散的公眾型企業，這種企業的利益相關者眾多，最重要的信息使用者——投資者在信息獲取權上處於比較劣勢地位，為了維護投資者的利益必須要求企業進行充分的信息披露。財務信息的處理以及披露最好採用公允價值計量屬性。經管責任觀強調企業財務信息的披露是為了管理當局向投資者交代資源的受託經管責任，為了不誤導投資者的決策，只有可靠性得到滿足的信息才能向投資者披露。由於受託責任是一種歷史責任，因此經管責任觀下信息披露以財務信息的歷史成本屬性為基礎進行確認與披露，未來的、前瞻性的、預測的財務與非財務信息由於不能滿足這樣的特性而不應該作為重點進行披露。一般認為，經管責任觀比較適合古典型企業，這樣的企業所有權與控制權沒有分離或者分離不夠，投資者數量不多，投資者與經營者合一或者投資者能夠較大程度地控制企業，因此企業財務報告主要用於評估經營者的經營業績並決定投資者的獎懲、聘任。中國大部分國有企業以及大部分非上市的私營企業都比較適合這種情況。

2.1.1.3 財務報告目標的發展

事實上，關於財務報告目標的這兩種觀點也有很多融合的地方，並且都需要根據時代的發展而發展。首先，經管責任觀是決策有用觀的基礎。前者強調財務信息是為了交代資源的受託責任，注重會計信息的可靠性，在任何類型的資源投入中，保值增值是其他類型決策的基礎，經管責任的考核也是一種決策並且是其他決策的前提；從會計信息的質量特徵看，會計信息首先必須可靠，不可靠的信息會誤導決策，因此很難說是相關的。

其次，兩種觀點都必須隨著時代與經濟環境的發展而發展。經管責任觀與決策有用觀都是基於財務報告的目標而提出的，因此其視角都是基於企業的會計反應與財務報告披露。企業利益相關者決策需要的信息範圍廣泛，就拿上市公司股權投資者買賣股票的決策來說，股票價值的影響因素繁多，既有來自於企業內部的信息，也有來自於企業外部的信息，如宏觀經濟環境中的經濟週期、財政金融政策、產業政策，微觀經濟環境中的行業成長週期、行業競爭狀況、顧客偏好及其變化等。即使就企業內部的信息來說，雖然來自於內部會計信息系統的財務信息可以綜合反應企業的價值，但由於投資者買賣股票是買股票的未來價值預期，反應企業歷史財務狀況與經營成果的財務報告就具有很大的局限性。

影響企業價值從而影響股東價值的內部因素很多，諸如新產品的開發、人力資源投資、企業法人治理結構的優化與改進、企業關係資源投資、企業文化的發展等。這些信息往往不能通過傳統的財務信息系統以及財務報告模式生成與傳遞。雖然這些信息中的一小部分可以通過改進現行財務報告模式，通過自願信息披露的形式進行傳遞，但目前做得還遠遠不夠。因此，為了貫徹傳統財務會計決策有用觀的目標，必須改進企業財務會計的計量模式與財務報告的傳遞模式，以實現對企業投資者投資決策所需價值信息的充分披露。在經管責任觀的前提下，傳統的看法主要是企業的經營者向企業的投資者與債權人交代經管責任，但現代管理學中的利益相關者理論與契約理論認為，企業不是孤零零的獨立存在，而是處於經濟生態環境中。企業要想長期生存與發展，股東價值要實現最大化，必須依賴企業利益相關者的共同努力才能實現。

契約理論將企業利益相關者的契約分為投資契約與交易契約。交易契約在簽訂時是以等價交換為基礎，因此風險與收益基本上是通過顯性契約明確規定，不需要交代受託責任。而投資契約既有顯性契約的成分又有隱性契約的成分，在投資契約中如果存在代理人執行的情況或者有未明確界定的隱性契約部分，投資成本的收回與收益的實現會處於不確定狀態，因此既需要監督也需要交代受託責任。傳統企業中的投資契約主要存在於投資者與經營者管理的企業之間，而現代企業特別是知識經濟時代的企業，員工除了通用性投資之外還會根據企業價值增長的需要發展許多專用性投資，這些專用性投資屬於投資契約，需要企業交代受託責任。企業與供應商、銷售商之間除了一般的交易契約之外，也可能通過戰略夥伴的關係發展專用性投資，這也屬於投資契約。在某些可能的情況下，企業與顧客之間也可能會發生這種關係，這都需要企業的經營者通過財務與其他報告

來交代受託責任。

2.1.2 上市公司訊息披露的目標

2.1.2.1 從財務報告到訊息披露

一般的觀點認為，信息披露，作為較晚出現且與財務報告相對獨立的一個概念，二者有著顯著不同。從外延大小看，信息披露包括財務報告以及其他臨時性報告；從時間概念上看，財務報告由於會計的分期性假設而具有定期性特徵，信息披露除了定期報告之外則不受這一限制；從披露內容的性質上看，財務報告基本上屬於價值信息，受會計計量的一系列原則所約束，並且需要經過註冊會計師的鑒證，而信息披露除了其中的財務報告之外，基本不受這些規定的約束；從二者出現的經濟背景來看，信息披露順應公司兩權分離狀態更加徹底且是在前者基礎上符合邏輯的發展。

與一般企業只需要提供財務報告就可以基本瞭解公司經營狀況與成果不同，上市公司屬於公眾公司，無論是英美式的經理控制型上市公司，還是中國的家族控制型與國有企業的內部人控制型雙重結合的上市公司，股權的公眾化引入了更多的利益相關者，不僅導入了經理人的代理問題，還引起了控股股東與中小股東之間的代理問題，信息不對稱影響的人數更多，性質更為嚴重；此外，由於資本市場上影響股票價格的因素眾多，對於投機性交易者（市場良好「流動性」的製造者，中國絕大部分中小投資者都屬於這種類型）來說，所有能夠影響股票價值變動的信息都與其決策相關，這樣的信息顯然並非定期報告的容量所能滿足。為了保護公眾股東特別是中小股東，公開、充分、持續的信息披露是揭示公司風險、減少內幕交易、提高資源配置效率的重要基礎。此種情況下，以定期報告與重大事項臨時公告的持續信息披露代替傳統的定期財務報告就成為邏輯與實踐的必然。

2.1.2.2 中國上市公司訊息披露的一般目標

（1）中國上市公司信息披露目標的利益相關者分析與一般公司的會計與財務報告目標一樣，上市公司的財務報告必須滿足利益相關者的決策有用性。但上市公司是公眾投資公司，所有權與經營權得到了更大程度的分離，控制權掌握在經營者手中。作為財務信息的生產者與傳遞者，經營者對如何創造公司價值、價值變動的影響因素及未來變動的趨勢與機遇等相關的會計信息與其他信息具有內部人的優勢地位。現代公眾公司的利益相關者中，政府屬於最大的利益獲取者，稅收剛性及稅務稽查的嚴肅性使得稅務部門有著更為剛性的手段解決他們與企業內部信息的不對稱性。債權

人中，銀行債務條款的法律剛性使得銀行有可能簽訂或者採取必要的手段解決他們與企業的信息不對稱問題，其中日本的銀行參與制公司治理模式使得銀行可以參與企業的內部決策，從而減少信息的不對稱程度。而中國的銀行法律規定銀行不得從事實業投資，工業資本與金融資本的分離使得中國的銀行不能有效地解決與企業的信息不對稱問題，只能通過一些剛性的債務條款來達到對自己的有限保護（例如抵押、擔保、資產處置與利潤分配限制、債務償還與舉借的限制、可以提前收回貸款等）。企業商業業務的債權人在法律上並無更多的規定使得他們在獲取企業信息方面具有更多的優勢，他們也許可以通過長期的商業合作與接觸，利用其他渠道獲取除通用財務信息披露之外的信息。企業的員工是企業最為重要的資源之一，企業的業績決定他們的薪酬與福利待遇。在信息披露方面，相對於外部投資者，他們屬於內部人，但層次差別很大，其中經理層、會計人員掌握的信息最多、最全面，除了對外披露的財務信息之外，他們還掌握其他經營管理的管理信息，有助於判斷企業的價值變動與走向；企業一般的員工除了掌握公開的財務信息之外，一般只能掌握與本身從事業務相關的經營信息，他們的信息地位也要高於一般的企業外部人。

　　上市公司利益相關者中，股權投資者最為需要公開而全面的信息披露保護。一是因為所有者權利是一種剩餘權利，投資合同是一種剩餘合同，投資成本的收回與投資收益的取得完全處於一種不確定的狀態，具有最大的套牢效應，而在債權債務合同、員工雇用合同、政府稅收合同中，大部分是一種交易契約，是一種等價交換與短期履約關係，因此違約風險相應較小，對信息披露的要求主要是用於監督固定合約的履行情況。二是因為在剩餘權利的制度約束下，股東的價值不僅取決於公司的整體價值實現及增值情況，還取決於先滿足其他交易契約得到履行后的剩餘狀況，因此其他信息相關者關心的信息，股權投資者也需要關注，換句話說就是股東的信息需求基本可以包括其他利益相關者的信息需求。三是因為在現代股權分散型公司中，股東處於信息弱勢地位，所有者沒有信息產生與傳遞的控制權，因此其投資的收回處於更加不確定的狀態。四是因為股東權利特別是中小股東的權利是一種虛擬權利，股票本身沒有價值，而是它代表的權利有價值，代表未來自由現金流量的貼現。股票是一種特殊商品，與實物商品質量可以顯而易見或者方便地考察不同，股票商品的質量全賴於特殊的價值評估手段，這需要真實而充分的信息披露。因此《中華人民共和國公司法》規定股東有查詢上市公司帳簿的權利。

　　投資者的信息需求最為廣泛，基本可以覆蓋其他利益相關者的信息需

求。債權人關注的企業長期與短期償債能力，是企業投資者評價企業財務狀況及未來發展趨勢的重要內容。政府部門運用會計信息進行宏觀調控，對某些特定行業進行管制，它是以真實公允地反應企業財務狀況、經營成果及現金流量情況的單個企業會計信息為基礎的，而這也正是投資者所需要的。同樣，雇員、顧客及供應商的會計信息需求，如瞭解公司整體經營業績、管理質量、長期盈利能力、供應能力等，也都是投資者所需要的。政府稅收徵收的流轉稅以營業收入為基礎，所得稅以利潤為基礎，財產稅以財產為基礎，這些信息也是投資者所需要的。由此可見，除社會公眾與財務分析諮詢機構因特殊目的而產生的會計信息需求，與投資者的信息需求存在差異之外，其餘會計信息需求者需要的信息，與投資者的信息需求基本一致。正如國際會計準則委員會在《編製和提供會計報表的框架結構》中所指出的那樣：「因為投資者是企業風險資本的提供者，因此，為了滿足他們的需要而提供的會計報表，也可以滿足會計報表能夠滿足的其他需求者的大部分需要。因此，財務報告的目標以投資者為核心是合乎邏輯且可行的。」

股東關心的是企業股票的價值，價值有歷史價值與現實價值。交易股票是買賣未來的現金流權利的現值，股票的歷史價值與股票的買賣決策基本不相關。控股股東不僅買賣現金流量權，還買賣公司的剩餘控制權，中小股東主要是買賣股票的現金流量權。公司股票的價格及其變化是股東最為關心的因素，股票價格主要由其內在價值決定，並受股票供求、股東心理等多種因素的影響。控股股東持股行為較為穩定，比較關注公司價值基本面及其影響因素；中小股東主要「用腳投票」，不僅關心基本面，還關心市場股票供求關係、市場上其他交易者行為等因素對股票的影響。不管是哪種投資者，公司價值狀態及其變化動態都是其必然關心的關鍵因素。公司的價值特別是未來價值變動的影響因素眾多，用財務指標可以計量公司的歷史價值，但用傳統的歷史成本計量模式很難反應公司股票的市場交易價值。不可否認，財務計量的歷史價值在預測公司未來價值變動方面具有重要的作用，但是由於市場環境的瞬息萬變，公司的今天並不等於公司的明天，財務報告的定期與滯后性、財務會計的貨幣計量性使得傳統的財務報告必然不能跟上公司價值變動的步伐，從而不能有效地指導投資者的決策。因此，針對上市公司股權流動頻繁的事實，反應公司價值變動的持續信息披露替代定期財務報告將成為必然的趨勢。

（2）中國上市公司信息披露目標的相關表述。中國證券市場發軔於20世紀80年代末期。1990年12月，深圳證券交易所與上海證券交易所先后

成立，越來越多的上市公司公開發行並在滬深兩市掛牌交易，1991年上海證券交易所的「老八股」以簡約年報的形式開啓了證券市場定期信息披露的先河。此后，中國證監會與滬深兩個證券交易所不斷出抬相應的上市公司信息披露規範，財政部相繼出抬了會計確認與計量的各種準則和規範。財政部管會計確認與計量、證監會管信息披露內容與格式的分工與合作方式使得上市公司的信息披露無論是從內容還是形式上都不斷走向成熟與完善。定期報告時間間隔的縮短以及重大事項臨時公告要求的不斷提高使得上市公司價值變動及時性的要求得到緩解，定期報告中強制性信息披露內容的增加與上市公司基於信號顯示激勵機製作用而出現的自願信息披露內容均有較大程度的增加，提高了上市公司信息披露的透明度。

縱觀現行所有適用於上市公司信息披露的法律規範與部門規章，與上市公司信息披露目標直接相關的表述並不多見，一是見之於國務院通過的《企業財務會計報告條例》第三十二條：「企業應當依照企業章程的規定，向投資者提供財務會計報告。」二是財政部最新《企業會計準則——基本準則》第四條：「財務會計報告的目標是向財務會計報告使用者提供與企業財務狀況、經營成果和現金流量等有關的會計信息，反應企業管理層受託責任履行情況，有助於財務會計報告使用者做出經濟決策。財務會計報告使用者包括投資者、債權人、政府及其有關部門和社會公眾等。」由此可見，在市場經濟下，特別是在中國金融資源緊缺的初級市場經濟階段，將投資者擺在財務會計與財務報告目標的首位是一個理所當然的選擇。但是令人感到詫異的是，直接監管上市公司的監督管理部門如證監會、行業自律性組織如證交所的相關法規中，並沒有明確的關於信息披露目標的闡述。當然，沒有明確的闡述並不表明沒有明確地意識到，就像中國證監會網站首頁表明的宗旨——「保護投資者利益是我們工作的重中之重」那樣，證監會及其他證券監督管理機構的工作中心就是保護投資者的利益，保護投資者利益就是要維護「公平、公正、公開」（簡稱「三公」）的證券市場秩序。正如「陽光是最好的殺毒劑」一樣，證券市場充分而公開公平的信息披露是「三公」原則的基石，近年來證監會關於證券市場信息披露的嚴格監管正是貫徹這一原則的體現，也取得了良好的市場效應。

綜上所述，從上市公司投資者角度看，上市公司財務報告的目標必然為信息披露的目標所替代，那就是上市公司綜合運用多種計量模式，運用多種傳遞方式，為以投資者為主的利益相關者判斷企業價值及自身索取權價值的決策服務。

2.1.2.3 中國上市公司訊息披露的特殊目標

（1）中國上市公司信息披露的特殊目標的制度分析。一般說來，公司信息披露狀況與公司治理機制有著密切的關係，公司治理機制越健全，信息披露的質量越好。公司治理機制包括內部治理機制與外部治理機制。內部治理機制主要是解決公司內部股東大會、董事、經理層的代理問題，即三者之間責、權、利的安排，以協調公司諸多利益相關者之間的關係；外部治理機制主要是指資本市場對於內部治理機制的約束機制，主要包括資本市場的投票機制、併購機制、經理人市場機制、市場監管機制、法律對於中小投資者的保護機制等。世界上資本市場的公司治理機制主要有兩種典型類型：一種是以內部治理為主導的公司治理機制。這種機制的中心就是以控制性股東為核心來配置公司的各項權力與利益，股權結構比較集中，德、日式的銀行控制系統（主銀行制）最為突出。內部人制度是集中股權結構的直接后果，其基本表徵為大股東控制（國家、銀行或家族等）。典型的內部人制度的治理體系表現為控股股東控制替代經理控制。在這種公司控制系統中，控股股東利用其相對甚至絕對的優勢地位，委派代言人入主公司董事會和管理層。通過參與決策控制和決策管理，控股股東變成了不折不扣的公司內部人，而支薪的職業經理則淪為控股股東的下級管理者。由於外部控制力量的缺乏，在內部人制度的公司治理體系中，中小投資者的利益保護只能依賴於控股股東的行為。另一種是表面上為「經理控制」，實質上受外部控制權市場極大約束的「外部人控制」制度。這種機制的形成產生於股權的分散化以及外部市場機制極大發揮作用的資本市場中，美國的資本市場就是這一治理機制的典型代表。在美國，功能完善的資本市場、公司控制權市場和其他市場組織會迫使職業經理聽命於股東，股東與經理之間的代理衝突可以通過市場競爭和規誡自行解決。因此，儘管美國公司表面上為經理所控制，但公司往往最終受制於代表股東聲音的股票市場和其他市場。

中國的資本市場發育極不完善，股權集中度極高，公司治理模式比較類似於集中治理模式，但又不完全相同，具體表現為國家控股下的「內部人控制模式」與家族集中控股的「家族控制模式」兩種。股權分置下的特殊代理問題使得大股東與中小股東之間的代理問題比股東與經理層之間的代理問題更為嚴重。在中國上市公司中，第一層代理是所有者與經營者之間的代理關係，即所有權與控制權的分離。在中國，股權比較分散的企業可能存在經營者侵占股東利益的情況，政府占控股地位的上市公司由於政府股東的所有者缺位也會使得內部人控制的代理問題變得更為嚴重。第二

層代理是大股東與中小股東的委託代理關係，即股東之間現金流量權與控制權不相匹配的情況。上市公司擁有較小的現金流量權，但通過多層或交叉持股控制上市公司從而擁有大部分甚至全部控制權，往往選擇「用手投票」；中小股東具有現金流量權但是並無多少控制權，往往選擇「用脚投票」，使得一股一票的法律規定流於形式，中國上市公司中並不鮮見的一人股東大會就是例證。這類上市公司的控股股東有可能濫用控制權，通過內幕交易、關聯交易、資金占用、惡性擔保等手段，將上市公司中屬於中小股東的利益據為己有。

大股東濫用控制權的可能性發生在中國有著特殊的制度背景。首先是股權分置使得法人股不流通，同股不同權使得控股股東的持股成本遠遠低於流通股的持股成本，同股同利與同股同投票權使得不流通的法人股權成為廉價投票權，制度性廉價投票權的存在是證券市場流通股股東利益受到侵占的根本原因。其次，國有企業的「脫貧解困」式的非整體上市使得改制上市的公司與母體企業在財務、人事、業務等方面存在千絲萬縷的聯繫，公司上市之后上市公司反哺母體企業成為必然。民營控股的上市公司往往成為大股東「系族」企業資本運作的棋子，上市公司經營業績良好時成為「系族」企業的融資平臺，業績差時控股股東甚至會正向輸血以維持其造血功能，但由於民營資本天生的擴張衝動，對資金的渴求使得上市公司往往成為大股東的「提款機」，「健力寶系」「鴻儀系」「德隆系」「托普系」「格林科爾系」等民營「系族」企業的「前赴后繼」無不生動地例證了這一點。實際上，利用「系族」企業侵占上市公司的利益並非民營上市公司所獨享，最近暴露出來的「三九系」說明國有控股股東同樣存在這樣的情況。最后需要指出的是，控股股東對上市公司利益侵占可能性的大小與控股股東現金流量權與控制權偏離的嚴重程度密切相關，控股股東持股比例越高，利益侵占的成本越高，收益越低，發生利益侵占的動力越小。法律法規對中小股民的保護越健全，控股股東利益侵占的懲罰成本越高，其利益侵占的動機越小。

因此，可以這樣說，在全球資本市場中，中國資本市場的中小投資者受代理問題的影響最為嚴重，除了成熟資本市場投資者面臨的經營者內部控制帶來的損害外，還要承受更為嚴重的、股東之間代理問題帶來的不公平，兩種內部人對上市公司的聯合控制給上市公司的中小股東帶來了更加嚴重的后果。雖然股權分置改革割除了影響證券市場健康發展的最大「腫瘤」，使得上市公司的控股股東也需要關心企業的經營，關注公司的價值變動（因為他們持有更多股票流動性的套牢效應使得公司的價值變動對他

們的影響更大）。但是非整體上市帶來的關聯交易對中小股東的利益侵占仍然是后股權分置時代最大的代理問題之一。

（2）中國上市公司信息披露的特殊目標。會計對環境具有反應性。中國資本市場特殊的制度背景與治理問題使得中國上市公司財務報告的目標應該具有特殊的規定性，即通過高透明度的信息披露，保護中小投資者的合法權益。由於中國上市公司特殊的制度背景，控股股東與上市公司管理者的雙重控制使得中國證券市場的中小投資者處於更低的弱勢地位。國有控股的上市公司由於代理鏈條的延長使得上市公司有可能出現管理層的內部控制，管理層利用信息不對稱的特殊條件謀取自身的利益，從而削減上市公司股東與債權人價值。這種現象在上市公司 MBO（經理層收購）過程中體現得最為顯著。在 MBO 的準備期，管理層往往通過收益調節的各種手段做低公司的收益，從而降低公司的評估價值，為后來低價購買上市公司做準備，通過各種資金渠道籌得購買資金購買上市公司控股權后，再將前期隱藏的收益轉回，從而坐享其成。在這裡，相關的利益主體包括上市公司管理層、國有資產的地方管理者、各種仲介機構等，相關利益主體的合謀使得利用信息不對稱侵占國家利益以及中小股東的利益成為可能。

此外，中國上市公司股權結構還有一個顯著特徵就是高股權集中度。一股獨大的股權結構使得控股股東漠視中小股民的利益，將上市公司當成母公司的提款機，各種資源配置決策暗箱操作，既不通過股東大會或者董事會正常的決策程序，事后也不披露或者及時披露。這些行為主要體現在上市公司募集資金的使用與變更用途、上市公司與關聯方和大股東的資金占用、上市公司的關聯擔保、上市公司與關聯方之間的關聯交易等方面的屢屢違規。這些方面都會損害公司價值從而影響債權人與中小股東的利益。

中小股東是證券市場中群體最大、來源最廣泛、抗風險能力最弱、交易最活躍、資金潛力最大的基礎組成部分，也是最容易被證券市場強勢群體侵害的部分，離開了中小投資者的參與，證券市場必將成為無源之水，最終枯竭並消亡。因此，中國上市公司信息披露的特殊目標是必須重點關注中小股東的信息需求，加強對中小股東決策信息需求的研究，充分披露影響中小股東股票價值的敏感信息。保護投資者利益，應該將中小投資者的利益保護放在首位。

綜合上述層進式的演繹結果，中國上市公司信息披露的目標可以概括為：通過高透明度的信息披露，為以中小投資者為核心的利益相關者提供決策服務。

2.2 訊息披露動機的經濟學解釋

信息披露動機的經濟學分析可以從不同維度進行考察，一個維度是從參與主體的角度，分別對信息供給者、信息需求者、信息披露的監管者等方面進行制度分析；另一維度是從信息披露的內容即強制性信息披露與自願信息披露的角度進行解釋。

迄今為止，會計信息的披露都是強制性信息披露與自願信息披露的結合。隨著證券市場對於信息披露要求的提高，無論是強制性信息披露還是自願性信息披露的數量都呈現快速擴張的趨勢。在中國資本市場上，通過比較歷年監管部門對於信息披露要求的變化來看，在股票市場，早期的信息披露內容數量較少、質量較低，自願信息披露的數量更少。2000年以後，比較證監會對上市公司年度報告信息披露的要求，可以發現這樣的趨勢，即強制性信息披露內容條目的數量在逐年增加，建議的自願性信息披露內容條目的數量也在增加，並且前幾年建議的自願信息披露在后續年數逐漸變成強制性信息披露。隨著整個社會對於提高公司透明度呼聲的提高，對於自願信息披露的要求也越來越高。投資者與監管者的呼聲是一方面，會計信息生產者本身對於自願信息披露持有何種意願也是必須深入考察的問題，因此在關注信息披露的目標之後，有必要從經濟學角度來考察公司信息披露的動機。

2.2.1 強制性訊息披露的動機

通常情況下，有兩個理由要求上市公司對外強制性披露信息。一是市場失靈，二是社會性目標。

2.2.1.1 市場失靈

信息經濟學認為，由於存在不完全信息或信息不對稱導致的市場參與者之間的信息差別，市場失靈不可避免。市場失靈會導致「逆向選擇」與「敗德行為」。證券市場的股票商品屬於虛擬商品，信息的不對稱更加明顯，嚴重的「逆向選擇」與「敗德行為」最終都會導致證券市場的「檸檬化」而不復存在，為了彌補市場失靈可能導致的證券市場風險，需要政府作為監管者來彌補市場失靈的缺失。會計信息不對稱導致的市場失靈主要基於兩點原因：一是上市公司是會計信息的壟斷性提供者，二是會計信

息的公共物品屬性。

（1）上市公司是會計信息的壟斷性提供者。在信息披露領域之所以出現市場失靈，一個最為重要的原因在於，企業是其自身信息的獨家提供者。如果不對市場進行管制，這種情況就會為壓縮信息的生產並進行壟斷性定價創造機會。支持強制性信息披露的觀點認為，實施強制性報告要比讓個人相互競爭從而私底下以壟斷價格購買信息更好一些。換言之，強制性、公開化的信息披露對信息的需要者來說，可以大大地節約成本。因為大多數基本信息都是內部會計系統生成的副產品。如果邊際信息生產成本很低，那麼與強制性財務報告相關的社會成本也會很低。但是，如果所有人都去購買相同的、不對外公開的企業信息，其實是對社會資源的一種極大的浪費。

（2）會計信息具有公共物品屬性。根據有效市場假說，當會計信息披露的社會邊際收益等於社會邊際成本時，會計信息市場的供需達到一般均衡，信息披露量為最優，社會處於「帕累托最優」。西方主流經濟學認為，從整體上看，私有市場的資源配置是有效率的，但在許多其他領域，市場是無效率的。公共選擇理論認為，在競爭市場中，會計信息是一種典型的公共物品，每一個人都可以消費這一信息內容。如此看來，企業就不會有強烈的動機去生產和銷售本企業的會計信息。會計信息的生產動力不足，導致了所謂的外部性，外部性的結果會使生產者生產這種公共物品的動機非常有限。因為會計信息的生產和披露需要成本，從理論上講，這些成本應該由全體受益者共同分擔。但實際上，會計信息一旦被生產和披露，根本不能阻止和排除沒有分擔成本的信息使用者進行消費，這就產生了公共物品的「搭便車」問題，免費搭車者能夠不花任何成本地使用這些產品，其結果便是供給小於真正的市場需求。外部性問題是經濟學家普遍關注的一個問題，在傳統經濟學理論中，外部性現象是市場失靈的一種表現形式，也是政府干預經濟的一個切入點。不可避免的是，如果要通過對生產的補貼來滿足對公共產品的真正需求的話，那麼搭便車者的成本就必須由這個社會來承擔。因此，為了確保對會計信息的真正需求得以滿足，政府應強制性地要求公司披露符合一定質量要求、最低信息含量的會計信息。

2.2.1.2 社會性目標

支持進行強制性披露的另一個原因是為了獲得市場即使是不存在市場失靈的情況下也無法達到的一些特定的社會目標。證券交易所一直關心如何定義「公正的報告」和對投資者的保護問題。資本市場的公正性是一種基於公眾利益的觀點，這種觀點假定只有當所有（包括潛在的）的投資者

擁有獲取相同信息的同等機會時，股票市場才是公正的，即所謂的「信息對稱」。因為信息分佈得越廣泛，資本市場的競爭就越充分。然而，完美的和無代價的信息畢竟只是完全競爭經濟模型的一種假設，市場畢竟存在著大量的信息不對稱，由信息不對稱形成的逆向選擇和道德風險最終會導致市場的缺陷。而進行強制性披露就是信息對稱理念的一個應用，它試圖防止那些掌握了不對外公開信息的人們利用這些信息謀取私利，因為這種行為有損於投資者對資本市場公正性的信心。

2.2.2 自願性訊息披露的動機

代理理論、信號理論和資本市場的競爭性支持會計信息的自願性披露，它們存在著激勵企業向所有者和資本市場披露自身信息的因素。

2.2.2.1 代理理論(Agency Theory)與自願訊息披露

代理理論解釋了為什麼存在自願向所有者報告信息的激勵因素。在廣義的代理關係中，企業的管理層和所有者之間的關係是最重要的一個方面。代理理論將複雜的層級組織簡化為「契約」，而契約的本質就是信息，會計信息是契約當事人訂約的基礎，它反應出委託代理雙方的權責關係。所有者設計出一種合約機制，授權給管理層從事某種活動，並要求管理層最大限度地實現所有者的效用。但是，管理層和所有者的目標可能並不完全一致，我們很容易看到管理層為了追求自身效用最大化，而做出對所有者的利益造成損害的行為。所有者所感興趣的是投資收益最大化和證券價格最大化，而管理層卻有著更為廣泛的經濟和心理需求，其中包括通過雇傭契約來實現他們總體報酬的最大化。基於存在這種潛在的衝突，為了使管理層有足夠的動力去自動選擇有利於所有者的行為，所有者就會積極地同管理層訂立契約，與管理層事先確定一種報酬機制，讓財務人員的收入與企業的剩餘掛勾，使得雙方之間的衝突最小化，將雙方的利益最大限度地結合起來。而對管理層執行契約的情況進行監督是會產生成本的，代理理論認為，這些成本會降低管理層的報酬。因此，經理人員就有了不與所有者發生衝突從而保持低成本的動機。代理監督成本最小化是管理層向所有者可靠地報告經營成果的一個經濟動因，這一動因促使管理層做出自願性會計信息披露的舉動。好的報告會提升管理者的聲譽，好的聲譽會帶來較高的報酬。

2.2.2.2 信號理論（Signalling）、資本市場的競爭性與自願信息披露

信號理論和資本市場的競爭性解釋了企業在更大範圍內自願向資本市場披露企業信息的動因。信號傳遞理論解釋了企業即使沒有強制性的報告

要求，也具有自願向資本市場進行報告的動機：企業相互爭奪稀缺的風險資本，為了在風險資本市場上的競爭取得成功，自願性信息披露是很必要的。如果企業在財務報告方面有著很好的聲譽，那麼企業籌集資本的能力就會提高。此外，好的聲譽會降低企業的資本成本，因為企業進行大量的並且可靠的報告，其不確定性就會減少，投資的風險也會隨之降低，投資者要求的收益率也會降低。並且，企業自願地披露那些可信而且能減少局外人士對企業未來前景不確定性擔憂的、有關企業的秘密信息，公司的價值也會得到提升。籌集資本時，企業具有自願披露信息的動機，目的是為了保持投資者對企業的持續興趣。當證券市場面臨整體「誠信」危機時，業績良好的企業有強烈的動機去報告其經營成果，通過自願性信息披露，可以展示企業強大的實力，以便保持在資本市場上的形象和公信度。隨著資本市場的擴大，上市公司數量激增，買方市場的特徵凸顯，對投資者的爭奪加劇，資本市場競爭的壓力也迫使那些即使沒有很好業績的企業也要報告，因為保持沉默始終被認為是一種「壞消息」。業績中等的企業期望能通過自願性信息披露，突出自身的競爭優勢，以避免被懷疑為經營業績不良的企業。這樣一種形勢也會迫使擁有壞消息的企業自願披露其經營成果，自願披露對決策者具有重要參考價值的前瞻性信息，以增強投資者對公司未來成長的信心。

2.2.3 有效市場理論與充分訊息披露

要達到信息披露的高透明度，充分的信息披露是基本條件。然而，由於信息披露需要成本，信息披露也要遵循成本效益原則。有效市場理論有助於解釋為什麼需要充分的信息披露，一是真實充分的信息披露是市場達到有效的前提條件；二是在有效的資本市場上，充分的信息披露有助於準確地完成證券的定價，從而達到對投資者保護的目的。1965年，美國金融學家法碼（Fama）教授首次定義了有效市場：如果在一個資本市場中，價格完全反應了所有可以獲得的信息，每一種證券的價格都完全等於其投資價值，這樣的市場就可以稱為有效市場。按照證券市場反應信息的程度，可以將證券市場分為三種效率的市場，分別是弱式有效市場、半強式有效市場、強式有效市場。

弱式有效市場是指證券市場股票價格已經反應了所有公開的歷史信息。在這樣的市場中，投資者不可能通過分析證券的歷史價格來獲取超額收益。半強式有效市場是指市場不僅反應了所有的歷史信息，還反應了當前所有公開的可得信息。在半強式有效市場中與股票價格相關的信息一經

披露就立即無偏地反應到證券價格中，但投資者仍然可以利用內幕信息投資證券而獲得超額收益。強式有效市場是指證券市場不僅能夠反應歷史以及當前公開的所有信息，還能夠反應由少數人才能知道的私人（內幕）信息，即證券市場有看透公司的本領。國內外相關實證研究表明，有效市場只是一種理想狀態，英、美、新加坡、日本等發達國家的股票市場基本達到半強式有效市場狀態，中國資本市場基本達到弱式有效狀態。

有效市場理論對於信息披露有著非常重要的理論與現實意義。一是從理論上，只要市場是有效的，所有與股票價值變動的信息都應該得到披露，這些信息不論是會計信息還是非會計信息，不論是貨幣計量還是非貨幣計量，也不論是歷史信息還是預測信息，都應該在合適的時機，以合適的方式充分披露，即使個別投資者不瞭解該信息的含義，但以投資者為主體的整個資本市場有強大的信息消化功能，這些信息不會造成過載；二是只要證券市場是有效的，能夠無偏地反應所有可得信息，則證券價格就是其內在價值的無偏反應，價值投資就會成為證券市場的基本投資理念，投機並不能給投資者帶來超過與其投資組合風險相稱的超額收益；三是投資者都可以得到證券市場的價格保護，因為價格可以迅速反應他可能並不知曉而其他人知道的信息。從實證研究的角度來看，有效市場理論與信息不對稱理論一道成為信息披露實證理論的重要基礎，實證會計中的「信息觀」就是這一理論的直接體現。

2.3 訊息需求者的訊息需求內容

2.3.1 國外關於訊息披露內容的研究

2.3.1.1 AICPA 的研究報告

上市公司究竟應該向需求者提供哪些信息？美國註冊會計師協會（AICPA）理事會 1991 年成立的財務報告特別調查委員會在 1995 年的研究報告《論改進企業財務報告——著眼於用戶》中回答了這一問題。該調查報告的調查對象以投資者與貸款人為主。調查結果表明，信息需求者對信息有多種需求，至於具體需要哪些信息，則依賴於信息需求者使用的分析方法、所分析的金融工具的性質、企業的具體狀況以及信息的來源等因素。特別委員會在綜合考量這些因素的基礎上，對調查研究的結果進行了

概括，認為信息需求者所需要的信息包括五類，即財務與非財務數據、管理部門對財務與非財務數據的分析、預測信息、關於股東與管理部門的信息、公司的背景信息。

(1) 財務與非財務數據

這類數據又分為兩種：一是會計報表和相關的信息披露，二是管理部門用來管理企業的高層次經營數據和業績指標。

①會計報表和相關信息的披露。會計報表是企業報告的核心，反應了一個企業在某個時點或某個期間的財務狀況，從財務的角度能夠反應許多（不是全部）影響財務本身的經營活動和經營事項。投資者本著許多目的使用會計報表，如作為分析工具、作為管理報告卡片、作為抵押品或證券利息報表、作為預警手段、作為控制手段或作為落實受託責任的工具。許多投資決策，比如是否貸款，是否購入、持有或賣出證券，怎樣對交易活動進行評價等，在很大程度上都要依賴於會計報表提供的信息。委員會的研究結果證實了財務報表的重要性。財務報表提供了決策所需要的關鍵信息。沒有任何證據證明，由於信息對決策沒有用處或其他原因，用戶放棄了對財務報表的分析。

研究表明，會計報表是掌握和組織財務信息的一個絕好的工具，它將財務信息系統化，從而便於對各種趨勢以及數據之間的關係進行分析。這些趨勢和關係揭示了企業的風險和機會，包括企業的增長情況、市場情況、成本、生產率、盈利率、流動性、抵押等。具體來說，分部財務數據有助於用戶分析一個企業的經營分部；通過指明資產的類別、流動資金的需求、收入的類別、費用的性質、現金來源和運用情況以及企業經營活動的其他方面，財務數據有助於用戶理解一個企業經營活動的性質；財務報表有助於用戶理解經營活動與經營事項的關係及其對財務的影響；財務報表分析有助於用戶分析未來；由於財務報表在企業之間是可比的，所以有助於用戶將企業與其競爭對手或其他企業進行對比；財務報表還可以揭示影響一個企業的重大變化。

②高層次的經營數據和業績指標。高層次經營數據是對企業經營活動的統計數據，不包括會計報表和有關披露包括的信息。經營數據可以用貨幣來表示，也可以用產品或服務的單位、雇員的數量、時間單位等來表示。業績指標是有關一個企業經營活動的關鍵指標，如產品或服務的質量、經營活動的相對成本、完成關鍵任務（如新產品開發）所需的時間。區別經營數據與業績指標並不重要，有些指標既屬於經營數據，也屬於業績指標。例如，用來衡量生產率的投入產出率指標，就屬於這種情況。

研究表明，信息需求者除了關注會計報表外，對經營數據也同樣重視。信息需求者在對一個企業進行分析時，既涉及財務方面也涉及經營方面，比如銷量或銷價的發展趨勢，雇員的數量、薪金，外購材料成本的變化趨勢等。美國有些大的上市公司還向信息需求者提供數據簿，其中提供有公司經營活動和經營過程的數據，很受信息需求者的歡迎。高層次經營數據和業績指標有助於信息需求者分別分析企業的經營分部，理解企業經營活動的性質，理解企業經營活動與經營事項的聯繫及其財務影響；通過管理部門用來管理企業所採用的數據，可以理解管理部門的意圖。

（2）管理部門對財務和非財務數據的分析

信息需求者認為，管理部門的分析資料對於理解企業數據變化的原因非常重要。管理部門直接參與經營活動，並且為了管理的目的經常對企業數據進行分析，因此，管理部門是分析性信息的最佳來源。

管理部門的分析包括兩大要素：一是有關企業財務、業務以及有關業績變化的原因；二是重大趨勢及其在過去的表現。上市公司的信息披露中，包括管理部門的討論和分析。目前的管理部門的討論和分析著重解釋會計報表中有關數據的變化。信息需求者認為，除了這部分內容外，還應當解釋企業經營數據和業績指標的變化以及分析企業未來經營活動的不確定性，從而說明並不能根據會計報表推測未來趨勢。

（3）預測信息

上市公司的預測信息主要包括以下三類：

①機會和風險。機會和風險導源於企業所處產業的狀況，如替代產品或服務的威脅，客戶、供應商或雇員討價還價能力的變化，競爭條件的變化等。機會和風險還導源於企業資產、客戶或供應商的集中程度。信息需求者還關心支付能力惡化的風險、與企業權利義務有關的或有收益和損失。信息需求者從多種渠道瞭解、衡量機會和風險，包括行業和商業出版物、會計報表、經營數據、其他用戶意見等。管理部門通常是有關機會和風險信息的最佳來源，這是因為管理部門直接參與經營活動，並且在規劃未來和管理企業時已經研究過機會和風險。而且，瞭解管理部門對機會和風險的看法，有助於信息需求者掌握管理部門的經營意圖。

②管理部門的計劃。瞭解管理部門的計劃也很重要。管理部門是有關企業發展方向的最后的信息來源，管理部門的計劃是瞭解企業未來的重要指標。儘管一個企業的計劃可能實現不了，但瞭解其大方向仍然是有益的。另外，管理部門的計劃是企業機會和風險的重要推動力。管理部門的計劃通常建立在一些關鍵因素的基礎上，例如一家計算機製造商計劃向市

場率先推出技術超群、性能獨到的產品，往往依賴於供應商與其合作並提供領先技術。如果供應商對所有計算機製造商一視同仁，那麼這家公司的計劃將要落空。由此可見，決定成功與否的關鍵因素，對於信息需求者深入瞭解一家企業的機會和風險十分重要。

③有關經營和財務的預測數據。在評價企業或衡量信貸風險時，往往需要預測數據特別是財務數據。通常，這些預測數據是對各類信息進行了大量分析以後取得的。儘管預測數據有一定的用處，但信息需求者並不需要管理部門提供的預測數據。這是因為：第一，信息需求者一般都傾向於自己做出預測，並認為預測是其自身職能的一部分，自己的預測更客觀；第二，在某個時點上對未來的財務業績做出預測不可能說得清楚，並且管理部門的預測往往過分樂觀；第三，預測會引起訴訟，預測如果不準，企業往往成為眾矢之的。

(4) 有關股東和管理部門的信息

信息需求者認為，上市公司每年向股東提供的委託書中的信息，有助於他們的分析。具體來說，有以下幾類信息：

①股東和行政管理人員的身分和背景；

②行政管理人員酬金的種類和數額，計算酬金的方法或公式，高級管理人員擁有的股份；

③證券持有人的情況，如大股東的身分和控股情況，引起控股情況變化的因素；

④關聯方交易以及大股東、董事、管理人員、供應商、客戶、競爭對手與企業的關係。

(5) 公司的背景信息

信息需求者還需要瞭解企業的背景，以便深入瞭解這個企業，如企業產生的現金流量和收入能力、企業經營分部的信息等。具體地說，信息需求者基於各種原因，需要下述信息：

第一，有關企業目標和戰略的信息。這些信息幫助信息需求者理解一個企業的廣泛目標以及管理部門據以實現這些目標的一般戰略。這類信息能夠幫助其瞭解管理部門的經營意圖。

第二，有關企業經營業務和財產的信息。這些信息幫助信息需求者理解一個企業經營業務的範圍和性質，這些信息對於信息需求者來說是基礎性的。

第三，產業結構對企業影響的信息。這些信息幫助信息需求者衡量企業的機會和風險，包括企業所在市場出現的新產品和服務、供應商和客戶

的討價還價能力以及企業面臨的競爭的激烈程度等。在此基礎上，特別委員會對企業報告模式進行了改進，從原來著重於財務信息擴展到非財務信息，從原來著重於最終經營成果擴展到企業的背景信息和預測信息。同時，特別委員會對現行會計報表的改進在以下八個方面提出了極有價值的建議：

①改進企業分部信息的披露；

②創新金融工具的核算和披露；

③對表外融資的特徵、機會、風險的披露加以改進，反思表外融資的核算方法；

④分別報告核心業務和事項以及非核心業務和事項的影響，按公允價值計量非核心資產和負債；

⑤特定資產和負債項目計量上的不確定性的披露及其改進；

⑥單獨披露第四季度報告，按季度提供分部資料；

⑦取消缺乏相關性的披露內容；

⑧其他建議，包括會計信息在會計報表中的列示、中期報告、可比性和一貫性以及關鍵數據和指標問題。

2.3.1.2　財務報告的未來改進方向

（1）公司報告標準的改進——公司財務報告的三級模式

2000年，英國學者薩繆爾·A. 迪皮亞滋，羅伯特·G. 艾力克在他們合著的著作《建立公眾信任：公司報告的未來》[①] 中提出了未來公司報告的三級模式。該模式包括三級標準，即公司未來的信息披露應該按照三級模式規定的標準對外披露公司的價值報告，以增加公司價值的信息透明度。三級標準分別是：

①一套全球公認的會計準則。使用一套全球公認的會計原則，投資者就能更容易、更準確地對公司業績進行比較，而不論這些公司處在什麼國家或什麼行業。同時，全球公認會計原則也極大地擴展了人們的投資選擇範圍，因為投資者避免了在不同會計準則下比較公司業績或評估風險時所面對的困難和成本。

②信息度量和報告的行業準則。不同的行業存在著廣泛的差異，表現在諸如行業競爭力、各行業如何為股東創造價值、創造價值所需的知識等方面。其他利益相關者對不同的行業也有不一樣的要求。普華永道對眾多

---

① 薩繆爾·A. 迪皮亞滋，羅伯特·G. 艾克力. 建立公眾信任：公司報告的未來 [M]. 劉德琛，譯. 北京：機械工業出版社，2004.

的行業進行研究后得出結論：不同行業的價值驅動要素存在著巨大差異。而且由於缺乏能在世界範圍內被廣泛接受的度量標準、考核方法以及關於報告制度的公約，所以同一行業內的企業在發布關於行業特定價值驅動要素的信息時，往往都採用不同的方式。即使大多數公司都公布同一個重要的非財務信息，如果一個公司公布的數據無法與其他公司進行比較，那麼信息的有用性也會受到限制。

為了保證第二級模式囊括的公司特定信息真正為投資者和公司所用，就需要制定出相應的準則。理想的做法是，這些準則由全球性的行業團體牽頭制定，並與公司報告供應鏈上的其他參與者一起合作、共同改進。雖然，第二級別準則將建立在行業級別上，但仍存在這樣的可能性，即其中一些準則最終將並入到第一級別中去。獨立制定的行業標準也具有相似性，在全球公認會計原則的大框架下，它們也可能成為新準則的基礎。

③公司特定信息。即使全球公認會計原則和全球性的行業標準囊括了所有關鍵的財務和非財務標準，投資者和其他利益相關者仍然需要獲取關於某個公司的大量特定信息。這些信息包括：公司高層對公司競爭環境的看法，包括各種機會和威脅；公司為股東創造價值所採用的戰略及戰略執行計劃；公司一些特有的，但並未囊括在第一級別和第二級別準則中的價值驅動要素信息；專屬於某些特定的公司，且具有確切性和基準性的定性及定量目標；公司期望的風險狀況以及公司如何對風險的上下限進行管理；公司的內控制度和稅務執行程序；公司的薪酬政策；公司治理原則；公司對利益相關者和股東的承諾。

（2）公司報告的核心——價值報告

公司報告內容的核心應該緊緊圍繞公司價值，應該向利益相關者呈現出公司價值創造的源泉、價值創造的核心競爭能力、創造價值的戰略與手段、價值創造的以往業績與未來機會和風險。因為每個公司創造價值的商業模式不同，公司的對外報告應該向投資者展現出這種差異。美國會計學家羅伯特·G. 伊利克斯等[1]合著的《價值報告革命——遠離盈餘游戲》提出了價值披露更好的模型。

這個框架提出了四大類基礎性信息，這些信息結合在一起就能條理分明而且完整地呈現出公司的中期經營情況，同時也能據此闡明公司的短期經營業績。這個框架建立在一系列的根本性原則之上，其中最為重要的原

---

[1] 羅伯特·G. 伊克利斯，羅伯特·H. 漢斯，E. 瑪麗，等. 價值報告革命——遠離盈餘游戲 [M]. 葉鵬飛，譯. 北京：中國財政經濟出版社，2003.

則就是透明度原則。

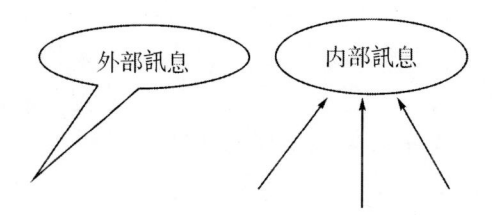

```
    外部訊息        內部訊息
       ↓         ↗  ↑  ↖
```

市場概覽	價值戰略	價值管理	價值平臺
競爭環境	目的	財務業績	創新
監管環境	目標	財務狀況	品牌
宏觀經濟環境	管理	風險管理	客戶
	組織	分部業績	供應鏈
			人力資源
			商譽

①市場概覽。在市場概覽中，管理層會報告他們對競爭狀況和監管狀況的評估結論，包括相關業務地區的宏觀經濟狀況。這類信息主要與三級透明度模式中的第二級別和第三級別信息相關，這是因為市場概覽信息在不同行業以及不同公司之間常常表現出很大差異。

雖然大部分市場概覽信息都來源於公司外部，但管理者必須負責評估這些信息的精確性並確定信息的來源。如果信息是來源於公司內部並包含了管理層做出的假設和計算，那麼管理層應該清楚地報告這些信息。因為利益相關者也知道這些信息中包含有管理層的假設和判斷，並進而形成他們自己的觀點。這時，利益相關者就能評估公司的外部經營狀況，並能評價出管理層對外部經營狀況的判斷是否過於樂觀或者過於悲觀。

②價值戰略。在價值戰略中，管理層需要向利益相關者解釋他將如何去創造股東價值。管理層對價值戰略的闡釋可以傳遞出一些非常重要的信息，如公司的定量和定性目標、為執行該戰略而設計的適當的組織架構、可以監督管理層戰略實施行為的公司治理結構等。儘管各地區的價值戰略信息會表現出很大的差異，但其中的大部分信息都屬於第三級別信息。

③價值管理。價值管理把價值戰略和公司財務狀況聯繫在一起，並特別關注公司業務的部門化、風險和收益的關係、公司的融資行為以及產生現金的能力。這時，需要分析傳統財務報告的關鍵要素，同時還要補充其他一些重要信息，如資本收益率、剔除資本成本後的資本收益率等。分部

信息必須真實地反應公司的實際管理狀況。公司還需要提供包括趨勢數據和公司目標的信息，還應包括相關的基準比較。因為股東最終關注的指標是股東總收益，所以公司應該報告股東總收益率，在理想的狀況下還要結合經營管理中使用到的內部度量標準進行報告。針對風險，公司應披露每個業務部門面臨的主要風險以及他們是如何管理這些風險的。

④價值平臺。價值平臺的信息包含了支撐著公司創造價值的各種活動和相互關係。這些信息常常是非財務性的。公司關鍵性的無形資產（如品牌、應發、產品升級工藝、公司聲譽、管理質量等）也逐漸納入價值平臺中，這些要素的相對重要性以及應該如何對它們加以定義和度量會產生很大的行業差別。其中的大部分信息都屬於第二級別和第三級別信息。

2.3.2 國內關於訊息需求內容的研究

國內關於投資者信息需求內容的研究比較少見，比較早期的見之於吳聯生對深滬兩市機構投資者和一般投資者的信息需求調查（2000）[①]。該調查隨機選取全國100家證券投資公司以及位於北京、上海、武漢三地的100名投資者作為問卷調查的對象，問卷從會計信息的基本類型、基本披露方式、內容構成以及財務報表的有用性方面設計問卷調查的指標。

研究結論主要有：在信息披露的類型方面，投資者需要歷史信息，但更需要未來信息。在信息的基本披露方式方面，對於不便於使用數據進行反應的會計信息，機構投資者和個人投資者一致認為可以用文字進行說明；而對於無法用貨幣單位計量的會計信息，機構投資者認為可以用其他單位進行計量，而個人投資者持否定態度。無論是機構投資者還是個人投資者，均非常需要上市公司披露分部信息以及至少三年的比較財務數據。關於財務報表的有用性方面，大多數投資者認為三大報表非常有用，沒有投資者認為它們無用。在會計信息的內容方面，現行的財務報告中的信息遠遠不能滿足投資者的決策需求，投資者還需要人力資源信息、財務預測信息、物價變動信息和管理部門對會計信息的分析來幫助決策。關於上市公司財務報告的主要指標構成方面，機構投資者與個人投資者對於主要指標的需求有驚人的相似之處，50%以上的機構投資者表示他們經常使用的指標有10個，50%以上的個人投資者表示他們經常用的指標有9個，其中8個指標是相同的，它們分別是：①每股收益；②市盈率；③流動比率；④速動比率；⑤應收帳款週轉率；⑥資產負債率；⑦銷售利潤率；⑧存貨

---

① 吳聯生. 深滬兩市機構投資者和一般投資者的信息需求調查［J］. 財會研究，2000（4）.

週轉率。這 8 個指標分代表了通行指標體系中的 5 類指標，其中⑦屬於獲利能力指標，③和④屬於短期流動性指標，⑤和⑧屬於營運資本效率指標，⑥屬於中長期償債能力指標，①和②屬於股東交易指標。

該調查研究結果與國外相關調查結果大體相似，說明財務報告信息披露在投資者的決策過程有一定作用。缺陷是樣本量較小、分佈範圍較小，對總體的說服力欠充分。

另一個比較有代表性的研究是上證所與深交所於 2002 年 4 月在兩交易所網站發起的上市公司信息披露與投資者信息獲取的成本效益分析的問卷調查分析，問卷得到了 499 家上市公司與 2,763 名投資者的有效回答（周勤業、盧宗輝，2003）[①]。調查結果表明：投資者普遍認為對投資決策極重要的公開信息項目包括年度報告、利潤分配及轉增股本實施公告、首次發行或二次發行招股說明書及發行公告。投資者認為最重要的定期報告項目是主要財務指標（中報）、會計數據和業務數據摘要（年報）、股本變動和（主要）股東（持股）情況以及財務報告等。大部分投資者相信自己基本能夠讀懂財務報告並理解其含義。對機構投資者而言，在投資決策時最關注的財務指標依次是上市公司成長性指標、盈利數量指標、盈利質量指標，而對償債能力指標、資產狀況指標、營運狀況指標、現金流量指標和利潤分配指標的關注程度不是很大。該項調查樣本量大、分佈廣泛，得出的結論對改進上市公司信息披露內容具有重要的參考價值，但由於問卷調查的對象主要是有上網條件的投資者，其代表性仍然存在一定問題。

---

① 周勤業，盧宗輝，金瑛. 上市公司信息披露與投資者信息獲取的成本效益問卷調查分析［J］. 會計研究，2003（5）.

3 上市公司訊息披露透明度及其評價

3.1 訊息透明度內涵概述

　　透明度，本來是一個物理或者化學上的概念，是指一種物質在視覺上透光的狀態，或者說通過光的透視可以觀察物質的內部結構。但是在醫學、經濟學、政治學、財政學中該概念被廣泛引用。在會計學中，透明度概念被引用較早見於美國，1996 年 4 月，美國證券交易委員會（SEC）發布了關於 IASC（國際會計準則委員會）「核心準則」的聲明。在該聲明中，SEC 提出三項評價「核心準則」的要素，其中第二項是「高質量」。SEC 對「高質量」的具體解釋是可比性、透明度（transparency）和充分披露。這之后，SEC 及其主席 Arthur Levitt 多次公開重申高質量會計準則問題，並將透明度作為一個核心概念加以使用。

　　1997 年初東南亞金融危機爆發后，許多國際性組織在分析東南亞金融危機的原因時，將東南亞國家不透明的會計信息歸為經濟危機爆發的原因之一。聯合國貿易和發展會議（UNCTAD）的調查報告直接討論了會計信息披露對東南亞金融危機的影響。該報告認為，東南亞國家很多金融機構與公司的失敗或近乎失敗，其可能的原因有高負債、私營部門對外匯日益增長的依賴、透明度和解釋度的不足。透明度和解釋度不足被認為是東南亞金融危機的直接誘因。該報告沒有正面界定透明度，但披露了關聯方借貸、外幣債務、衍生工具、分部信息、或有負債、銀行財務報表等六個問題，比較了東南亞國家會計實務與國際會計準則的差異，發現這些國家會計信息披露明顯低於國際會計準則的要求。由此我們可以推斷：披露不足是透明度的一個重要標誌。

　　巴塞爾銀行監管委員會（Basle Committee on Banking Supervision）1998

年 9 月發布的《增強銀行透明度》研究報告中，將透明度定義為：公開披露可靠與及時的信息，有助於信息使用者準確評價一家銀行的財務狀況和業績、經營活動、風險分佈及風險管理實務。透明信息的質量特徵包括全面（comprehensiveness）相關和及時（relevant and timeliness）、可靠（reliability）、可比（comparability）、重大（materiality）。2001 年 1 月，普華永道（Price Waterhouse & Coopers）發布了一份關於「不透明指數」（The Opacity Index）的調查報告。該報告以 35 個國家（地區）為調查對象，從腐敗、法律、財務政策、會計準則與實務、政府管制五個方面對不透明指數進行評分和排序。在這份研究報告所調查的 35 個國家（地區）中，中國被列為透明度最低的國家。中國的「不透明指數」為 87，位居 35 個國家之首，遠遠高於不透明指數最低的新加坡（29）和美國（36）。普華永道在「不透明指數」報告中，將「不透明（opacity）」概念定義為：在商業經濟、財政金融、政府監管等領域缺乏清晰（clear）、準確（accurate）、正式（formal）、易理解（easily discernible）、普遍認可（widely accepted）的慣例。普華永道在測定會計不透明指數時總共調查了 12 個問題，它們分別是：①會計準則的一致性（程度）；②典型的投資者獲取私營部門信息的難易程度；③與會計準則有關的不確定性程度；④私營部門對會計準則的遵循情況；⑤政府對會計準則的遵循情況；⑥國有企業對會計準則的遵循情況；⑦中央銀行對會計準則的遵循情況；⑧商業銀行對會計準則的遵循情況；⑨銀行向監管機構提供準確信息的頻率；⑩獲取公司現金流量信息的難易程度；⑪獲取公司當前資本結構的難易程度；⑫獲取公司經營風險水平的難易程度。

　　魏明海、劉峰等學者認為①，會計透明度概念的提出是對會計信息質量標準和一般意義上的會計信息披露要求的發展。會計透明度是一個關於會計信息質量的全面概念，包括會計準則的制定和執行、會計信息質量標準、信息披露與監管等。會計透明度應當包括以下三層含義：①存在一套清晰、準確、正式、易理解、普遍認可的會計準則和有關會計信息披露的各種監管制度體系，所有的會計準則和會計信息披露監管制度是協調一致而不是政出多門、相互矛盾的，這是調查受訪對象涉及最多的話題；②對會計準則的高度遵循，無論是公營部門、私營部門、政府機構還是企業都能夠嚴格遵循會計準則；③對外（含投資者、債權人、監管機構等）提供高頻率的準確信息，能夠便利地獲取有關財務狀況、經營成果、現金流量

---

① 魏明海，劉峰. 論會計透明度 [J]. 會計研究，2001（9）.

和經營風險水平的信息。如果說相關性與可靠性側重會計信息自身的質量標準，信息披露側重的是實現會計信息質量標準的一種方式，那麼會計透明度則是一個全面、綜合性的概念，它不僅同時顧及了會計信息自身的質量標準以及實現會計信息質量標準的方式，而且還豐富了會計信息質量標準和實現會計信息質量標準的方式，是一套全面的會計信息質量標準和一個進行會計信息全面質量管理的「工具箱」。

上述研究表明，會計信息透明度是表明企業會計信息披露的結果使企業所處的一種狀態，這種披露使得企業的利益相關者「透過現象看透企業的本質」。看透什麼本質？這是一個值得深入思考的問題。不同的利益相關者對企業的利益關係、利益訴求不同，他看待企業的方式就不同，他要求披露的信息就有所不同。正如一個蘋果，對於一個在沙漠中缺水的人來說他看中的是可以提供水分，他只關心其中的水分；對於一個饑餓的人來說他看重的是能夠滿足充饑的需求；對於一個營養學家來說他看中的是其中包含的豐富的營養元素；對於一個百無聊賴的小孩來說他可能會把它當作球來踢。同樣，我們說一種物質透明，主要是指它的透光度，即被可見光透射的程度。透光度越高，這種物質的透明度越好。但這也是一種相對而言的概念，很多物質不能被可見光透過，但是可以被頻率更高、能量更高的射線比如 X 射線、伽馬射線穿透，在這些射線的照射下，借助化學上的感光物質的作用，可以看出在可見光照射下不能看到的物體的內部結構。借助這個比方，需要闡明的兩個概念是：

（1）上市公司的信息披露是為了讓我們看清上市公司的本質，投資者及利益相關者看重上市公司的什麼本質？那就是上市公司的價值及其如何變動。根據前面的分析，企業的利益相關者根據合約將資源投入企業就是為了享受價值增值，因此他們最關心自己投入的資源是否被其他要素投入者濫用、自己投入資源的回報及其風險如何。

（2）如何實現價值透明？自然需要一定的輔助手段，那就是準確、完整、持續、充分的信息披露，不僅要披露價值經過一段時間後變動的結果，最好能夠持續披露價值的持續變動過程。當然如果還能夠披露管理層對於公司價值創造的模式（通常所說的盈利模式）、價值創造的核心能力及其持續變動情況、該種價值創造模式的機會與風險、管理層對於該種價值創造模式採取的戰略和特定時期的策略，就會有利於投資者及其他利益相關者評判該種價值創造戰略是否符合他們的期望，以及在該種價值戰略下他們投資的風險，以便他們及時做出投資策略調整。

3.2 上市公司訊息披露透明度評價文獻綜述

在決策相關性目標導向下,上市公司應該向投資者及時、充分地披露所有可能影響投資者決策的相關信息。投資者進行的是價值投資,上市公司價值變動與他們的收益實現密切相關,因此上市公司的信息披露應該做到能夠呈現一幅清晰的公司價值創造過程、結果、未來趨勢的圖像,即價值透明度。能否達到這樣的要求,無論是投資者還是信息披露的監管者以及其他利益相關者,都可以形成一個相對客觀的評價。其中上市公司信息披露的「透明度」是一個經常被使用的衡量標杆。由於信息披露透明度是一個迄今為止尚未被準確界定的概念,如何清晰地用特定的指標體系來衡量尚存在較大困難,因此不同的使用者從不同的適用角度出發,建立了大致相同但又各有特點的評價體系。

3.2.1 國外公司訊息披露透明度評級

3.2.1.1 標準普爾(S&P)公司的公司治理評級中的訊息披露 [①]

2001年標準普爾針對全世界1,600多家公司的所有權與投資者關係28項問題、財務透明度與信息披露35項問題、董事會結構與運作過程35項問題共98項問題來評估公司治理得分,其中財務透明度與信息披露指標主要有:

(1) 公開披露的質量與內容

①財務報表與陳述(包括主要子公司的資料)應對股東與投資大眾披露;

②在總公司可以取得有關公司的記錄與報表。

(2) 公開披露的時間與渠道

①重大信息的披露過程;

②為廣大投資者提供演示文稿資料;

③所有股東可在總公司取得記錄;

④對股東的報告;

[①] 葉銀華、李存修、柯承恩. 公司治理與評級系統 [M]. 北京:中國財政經濟出版社,2004.

⑤設置網站與利用網站來公布報告。
（3）查帳人員的獨立性與立場
①查帳人員契約；
②財務及控制系統，審計委員會組成及執行過程；
③章程條款（含審計委員會的規章）；
④查帳報告。

3.2.1.2 里昂證券公司治理評分中的透明度評價

里昂證券於 2001 年發表了全球新興市場公司治理報告，包括 25 個新興市場中的 495 家公司。其內容主要以管理紀律（management discipline）、透明度（transparency）、獨立性（independence）、問責性（accountability）、責任性（responsibility）、公平性（fairness）和社會責任的認知（social responsibility）七項原則判斷公司的優劣。其中透明度指標包括：

①財務目標的披露，例如 3 年及 5 年的資產報酬率（ROA）或股東權益報酬率（ROE）；
②及時發布年報；
③及時發布中報；
④及時發布季報；
⑤迅速披露經營成果，且在宣布前無事先泄漏；
⑥明確有信息內涵的成果披露；
⑦根據國際一般公認會計原則來編製財務報表；
⑧立即披露重大信息；
⑨投資者有渠道能夠接觸到高層管理者；
⑩立即更新網站上的公告。

3.2.2　中國關於上市公司訊息披露評價的研究級實務

3.2.2.1　臺灣省證基會資訊評鑑系統

臺灣省證基會於 1992 年開發了一套資訊披露評鑑系統用於評價臺灣省公開上市公司的信息披露水平。指標包括五大方面共 85 項指標。主要為：

（1）資訊披露相關法規遵循情形。共 11 項指標，主要用於衡量公司在信息披露方面是否違規，有則為 0 分，無則為 1 分。

（2）資訊披露時效性。共 15 項指標，主要用於衡量上市公司是否及時披露定期報告以及其他重大信息。

（3）預測性財務資訊的披露。共 4 項指標，主要用於衡量上市公司是

否自願披露預測性財務信息及其準確性。

（4）年報之資訊披露。共 45 項指標，主要考察公司年報中的 45 項基本內容是否都能按照標準進行披露。

（5）網站之資訊披露。共 10 項指標，用於考察公司是否利用網站披露公司各種定期報告及各種重大信息。

3.2.2.2　南開大學公司治理指數的訊息披露評價指標體系

該信息披露評價指標體系由三部分構成，即信息披露的真實性、及時性和完整性評價。真實性評價的一些代表性指標有：年度財務報告是否被出具非標準無保留意見；近三年是否有會計政策或會計估計變更；近三年是否更換會計師事務所以及被監管機構公開譴責、批評、處罰等。信息披露及時性評價的一些代表性指標有：股東大會、董事會的會議決議是否及時披露；近三年定期報告是否及時披露；重要專項信息是否及時披露等。信息披露完整性評價的一些代表性指標有：股東大會、董事會、監事會（簡稱「三會」）的會議決議是否充分披露；近三年定期報告是否充分披露等。該指標體系中股東大會的信息披露及時性、「三會」的會議信息是否充分披露不易判斷。

3.2.2.3　齊萱和田昆儒的上市公司治理訊息披露評級系統建議[①]

該建議也是由完整性、真實性和及時性三部分組成，其中完整性由公司治理結構披露、財務信息披露、自願性信息披露組成；真實性由是否涉嫌案件、受審理、稽查、通報批評、公開譴責、責令改正等評判，或由審計意見、被媒體或研究資料曝光等歷史資料評判組成；及時性由定期報告是否依照規定時限提交和公告，臨時報告是否及時提交和公告評判組成。其中在完整性的財務信息披露項目下，包含 5 個子項：是否披露採用的會計準則；經營業績披露（同行業水平）；專題及重大事項信息披露；前瞻性信息披露；審計情況披露。

3.2.2.4　唐躍軍、程新生的訊息披露評價[②]

該體系也是由真實性、完整性、及時性等指標組成。其中信息披露真實性的評價指標主要包括：年度財務報告是否被出具非標準無保留意見；近三年來是否有會計政策或會計估計變更；近三年是否更換會計師事務

---

① 齊萱. 關於構建上市公司財務信息披露評價指標體系的探討——基於中國證監會處罰公告的實證分析 [J]. 會計之友，2005（7）.

② 唐躍軍. 信息披露機制評價、信息披露指數與企業業績——基於 931 家上市公司的調查 [J]. 管理評論，2005（10）.

所；被更換的會計師事務所是否提出異議或申訴；公司年報審計會計師事務所是否為公司提供其他業務；監事會是否曾發現並糾正公司財務報告不實之處。信息披露及時性的評價指標主要包括：股東大會的會議決議是否及時披露；董事會的會議決議是否及時披露；近三年定期報告是否及時披露；委託理財是否及時披露。信息披露完整性的評價指標主要包括：股東大會的會議決議是否充分披露；董事會的會議決議是否充分披露；監事會的會議決議是否充分披露；委託理財是否及時、充分披露。

3.2.2.5 深圳證券交易所上市公司信息披露工作考核辦法

深交所的考核辦法是以上市公司年度的每一次信息披露行為為依據，從及時性、準確性、完整性、合法性四方面分等級對上市公司信息披露工作進行考核。考核辦法對及時性的考核關注的是公司是否按照法定時間披露定期報告和臨時報告。準確性的考核關注的是公告文稿是否出現關鍵文字或數字錯誤，文稿是否容易理解，文稿是否存在歧義、誤導或虛假陳述。完整性的考核關注的是提供文件是否齊備，公告格式是否符合要求，公告內容是否完整，是否存在重大遺漏。合法合規性的考核關注的是公告內容以及公告內容涉及的程序是否符合法律法規和《深圳證券交易所股票上市規則》的規定。深交所在上市公司的定期報告披露後，根據規定的相關考核標準進行考核，對於不符合要求的信息披露報告發出詢問函，要求公司在規定時間內答覆並要求上市公司對違規行為公開更正，對蓄意違規者給予公開批評與譴責處罰。該考核辦法概括地提出考核標準，但沒有披露考核實施的具體評分量化方法。該評級出自於上市公司信息披露監管一線的評價，比較權威。因此本書的第五章採用該評級方法來驗證信息披露透明度與資本市場流動性的關係。

小結：從上述國內外關於上市公司會計信息透明度的評價標準可以看出，國外的評價標準既關注會計信息透明度本身的質量標準，諸如各種財務信息數據指標的獲取以及其他非財務信息的獲取，又包括保證信息披露達到這一標準的目的與手段，如公開信息披露獲得渠道的便捷與暢通（與公司管理層有溝通渠道、能夠從公司取得各種報告、網站信息披露等，在這一點上，臺灣也較為注重與國際接軌），嚴格遵守國際會計準則進行帳務處理與信息披露等，還包括其他主體如查帳人員的客觀評價等。而中國大陸信息披露規則出抬較晚，對信息披露質量評價主要側重於對信息披露質量自身的評價，諸如真實性、完整性、及時性、合法性等，較少涉及對於信息披露手段的評價，因此評價體系不夠完整，這樣的評價結果雖然不適合做國際比較，但足以區分國內上市公司之間信息披露質量的優劣並適

合做國內市場的比較研究。本書的質量評價指標體系盡力做到既注重信息披露質量自身，又兼顧達到信息披露透明度的手段。

3.3 訊息披露透明度評價只標構建

3.3.1 訊息披露指標的構建方式

綜合相關信息披露的評價體系與實證研究文獻，我們發現信息披露透明度的衡量標準採用了多種方式。

（1）採用監督管理部門的信息披露評級作為信息披露質量的衡量指標，如曾穎、陸正飛採用深交所的信息披露評級作為深市公司信息披露質量的依據來研究信息披露與上市公司資本成本的關係。深交所的信息披露評級主要從信息披露的及時性、準確性、完整性、合法性方面來評價。

（2）以臨時公告的數量作為自願信息披露透明度的替代指標，如汪煒、蔣高峰在 2004 年研究自願信息披露與資本成本的關係時即採用該指標。

（3）上市公司自願信息披露的研究者往往借鑑國外研究者比較成熟的信息披露指標法。比較成熟的有：Botosan（1997）的自願信息披露指數標準，該標準比較強調預測性財務與非財務信息；Meek（1995）[①] 使用的標準、Singleton 和 Globerman（2002）[②] 使用的標準；使用更多的標準是 G. K. Chau 和 S. J. Gray（2002）[③] 的自願性信息披露指數模式，該模式將自願性信息劃分為戰略性信息、非財務信息和財務信息。這些標準一般都有 70 個以上的指標，在使用過程中有的使用者直接照搬，有的使用者結合中國信息披露法規相關條款做了適度改進。

（4）使用盈餘披露質量作為信息披露質量的替代指標。

（5）包含強制性信息披露與自願信息披露的綜合指標，但都是直接針

[①] Meek Gary K, Clare B Roberts, Sidney J Gray. Factor Influencing Voluntary Annual Report Disclosure By U. S, U. K. and Continental European [J]. Journal of International Business Studies, 1995, 3: 555-572.

[②] Singleton W R, Globerman S. The changing nature of financial disclosure in Japan [J]. the International Journal of Accounting, 2002, 37: 95-111.

[③] Chau, Gray. Ownership structure and Corporate evoluntary disclosure in HongKong and Singapore [J]. The International Journal of Accounting, 2002, 37: 247-265.

對信息披露本身的行為結果進行衡量。比較有代表性的是謝志華、崔學剛設計的綜合強制性信息披露與自願信息披露的信息披露指數。其設計的信息披露指數包括了 93 個信息條目，其中一部分信息條目是強制性披露項目，另一部分信息條目是自願性披露項目。根據信息條目是自願披露還是強制披露的性質，匯總成整體信息披露指數和自願信息披露指數。強制性披露條目主要是根據中國證監會 1997 年、1999 年、2001 年三年頒布的《年報披露準則》所規定的披露條目；自願性信息披露主要是以信息使用者的信息需求為宗旨設計。

（6）混合模式。該種模式採用直接衡量指標與間接衡量指標構成的混合指標來衡量信息披露的質量，其中既包括強制性信息披露、自願性信息披露，還包括註冊會計師審計意見以及上市公司監管部門與交易所的評價。大多數的信息披露評價模式都是採用這種方式，如：標準普爾 2001 年的財務透明度評價指標體系，南開大學公司治理指數的信息披露評價指標體系，唐躍軍、程新生（2005）的信息披露評價指標體系，齊萱和田昆儒的上市公司治理信息披露評級系統建議等。其中值得特別指出的是臺灣省證基會於 1992 年開發的上市公司資訊披露評鑒系統。該系統包括五個方面共 85 項指標，包括資訊披露相關法規遵循情形、資訊披露時效性、預測性財務資訊的披露、年報信息披露、公司網站的信息披露等。

3.3.2　本書構建的訊息披露標準

本書採用混合模式建立評價標準，混合模式從內容上兼顧強制性信息披露與自願信息披露，從信息透明度的內涵上既考慮了信息披露本身的質量，又兼顧了信息披露透明度的達成手段與方式，還考慮了評價主體的多元性，因此比較客觀可信。本書主要採用該種評價模式來構建上市公司信息披露透明度評價體系，包括 6 個維度，分別是：①信息披露合法合規性評價。主要是看該公司該年度是否因為信息披露違法違規行為受到證監會的公開處罰、證管辦的立案稽查與責令整改，是否受到交易所的公開譴責或公開批評以及是否有年度報告的補充與更正公告等。②審計方面。主要是從會計師對上市公司的審計意見、公司報告年度是否變更會計師事務所、會計師事務所是否為普華永道、畢馬威、德勒和安永會計師事務所（以下簡稱「國外四大所」）及其合作所、審計費用的披露等方面來測評。③自願信息披露方面。由於選取的上市公司樣本是 2004 年的樣本，因此主要結合上市公司 2004 年信息披露方面證監會、證交所的相關規定，從預測性信息、戰略計劃、公司風險披露等方面來考察。④公司網站信息披露。

網站信息披露是實現上市公司信息披露透明度的重要手段與衡量標準，本書也選取相應的指標進行衡量。⑤信息披露的及時性。主要關注年報與半年報披露的及時性特徵。⑥其他方面，主要關注上市公司是否發生會計政策變更等。幾個方面綜合起來共選擇指標 42 個。由於年度報告的具體條目較多，統計工作量較大，因此本書用監管部門與交易所的相應評價來代替直接評價，如果上市公司在該年度沒有因為完整性、準確性等方面受到證券監管部門的各種處罰或者被交易所責令更正，我們就推定上市公司在這方面的信息披露不存在問題，當然這種代替可能存在失之於粗糙的嫌疑。

本書選取的信息披露評價指標體系及其評分標準如下：

(1) 審計方面

①審計意見類型。因為審計意見的特殊重要性，因此總分賦值 3 分，其中標準審計意見 3 分、標準審計意見帶說明段 2 分、保留意見 1 分、拒絕或無法表示意見 0 分。

②審計報告是否由國外四大所及其合作所出具，是 1 分，否為 0 分。

③2003 年與 2004 年會計師事務所是否變更，未變更取 1 分，變更為 0 分。

④2004 年年報是否披露審計費用，是取 1 分，否為 0 分。

⑤2004 年是否將審計費用與非審計費用分開列示，是取 1 分，否為 0 分。

(2) 信息披露法規遵循性方面

以該年度是否因為下列事項受到證監會的公開處罰、證券交易所的批評與譴責等來判斷。公司 2004 年度以後因為 2004 年的信息披露違規受到的處罰也被統計入內。主要指標如下：

①隱瞞投資信息，有則 0 分，無則 1 分。

②財務報告虛假記載，有則 0 分，無則 1 分。

③委託理財未及時披露，有則 0 分，無則 1 分。

④關聯交易未及時披露，有則 0 分，無則 1 分。

⑤隱瞞與關聯方資金往來，有則 0 分，無則 1 分。

⑥未披露控股子公司信息，有則 0 分，無則 1 分。

⑦股權轉讓披露不及時，有則 0 分，無則 1 分。

⑧關聯擔保，有則 0 分，無則 1 分。

⑨關聯承接債務，有則 0 分，無則 1 分。

⑩是否被證券監管部門要求整改，是取 0 分，否取 1 分。

⑪是否被證券監管部門立案稽查，是取 0 分，否取 1 分。

(3) 財務報告的及時性方面

財務報告的及時性也是上市公司信息披露質量的一個良好顯示指標，有統計研究表明，業績較好的公司有率先披露公司報告的取向，信息披露的「信號顯示機制」在這裡發揮了作用。

①年度報告的及時性。年度報告如果在年度結束後 2 個月內披露取 2 分，2~4 個月內披露取 1 分，其他取 0 分。

②半年度報告的及時性。半年度報告如果在年度結束後 1 個月內披露取 2 分，1~2 個月內披露取 1 分，其他取 0 分。

(4) 年報中的自願信息披露

根據 2004 年上市公司信息披露的相關規定，主要選取指標如下：

①上年是否對本年盈利進行預測，是取 1 分，否為 0 分。

②上年對本年的盈利預測是否全年未作更正，是取 1 分，否為 0 分。

③年報中是否披露主營市場變化、成本變化、銷量與市場佔有率變化，是取 1 分，否為 0 分。

④年報中是否單獨披露技術改造、應發投入、人力資本投入，有任何一項披露取 1 分，任何一項皆無為 0 分。

⑤年報中是否披露設備利用、訂單獲取、產品銷售與積壓、技術人員變動，有任何一項披露取 1 分，任何一項皆無為 0 分。

⑥是否在年報中披露未來機遇與挑戰、發展戰略以及新年度計劃，有任何一項披露取 1 分，任何一項皆無為 0 分。

⑦是否在年報中披露新年度盈利預測，有取 1 分，無為 0 分。

⑧是否在年度報告中披露新年度資金需求與來源計劃，有取 1 分，無為 0 分。

⑨是否在公司年報中對公司未來面臨的主要風險進行討論，是取 1 分，無為 0 分。

⑩年度報告中是否對新業務、新產品、新項目進行介紹，是取 1 分，否為 0 分。

(5) 公司網站信息披露方面

上市公司網站信息披露也是上市公司信息披露的一個重要的窗口，上市公司網站不僅是展示公司產品和形象的重要媒介，而且是投資者獲取除公司財務信息之外的其他信息如管理信息、產品信息、戰略信息的重要平臺，也是上市公司與投資者良性互動、建立投資者信息、發展投資者關係的重要工具。隨著投資者對信息披露及時性的提高以及今后信息披露手段

的發展，上市公司網站信息披露將會成為上市公司信息披露最主要的渠道。本研究設計指標如下：

①公司是否建有網站並可進入，是取 1 分，否則為 0 分，建有網站但不能進入視同不能進入，也為 0 分。
②是否有投資者關係欄目，有取 1 分，無則為 0 分。
③是否在網站披露定期財務報告與臨時報告，是取 1 分，否則為 0 分。
④法定信息披露是否及時更新，是取 1 分，否為 0 分。
⑤是否有投資者互動連結，有取 1 分，無為 0 分。
⑥是否有投資者在線互動，有取 1 分，無為 0 分。
⑦是否披露月度財務數據，是取 1 分，無則為 0 分。
⑧是否披露行業信息等自願披露信息，有取 1 分，無為 0 分。
⑨能否查看股票適時走勢，能取 1 分，不能則為 0 分。

(6) 其他
①是否發生對年度報告的補充及更正，是取 0 分，否為 1 分。
②在年度報告中是否更正以前年度差錯，是取 0 分，否為 1 分。
③全年是否發生會計政策變更，是取 0 分，否為 1 分。
④是否以表格形式披露上市公司實際控制人，是取 1 分，否為 0 分。
⑤是否披露實際最終控制人，是取 1 分，否為 0 分。

整個評價標準體系共 42 個指標，總分值為 46 分。該披露指標兼顧了信息披露的及時性、完整性、準確性、合法性等質量指標，又兼顧了證監會、證管辦、證券交易所、審計師、投資者等多主體的綜合評價，還兼顧了強制性信息披露與自願信息披露的綜合評價。

3.4 樣本選取及統計結果分析

3.4.1 樣本選取

本文採用 Excel 提供的抽樣統計功能，在 1999 年前上市、2004 年繼續存在的上市公司中①隨機抽查了 120 家上市公司作為樣本。樣本公司名錄

---

① 由於第五章驗證信息披露與資本市場成本的關係，在計算資本成本時需要利用樣本公司樣本年度前五年的淨資產收益率以及分紅比率等數據，因此要求選取的樣本公司至少於 1999 年有完整的年度財務報告，參見第五章。

參見附錄1。本書上市公司違規統計數據來自於中國證監會網站、上交所網站與深交所網站；註冊會計師審計意見類型數據、信息披露更正與補充公告來自於 Wind 數據庫；上市公司被立案稽查或責令限期整改信息來自於百度搜索；自願信息披露、會計政策變更等信息來自於中國證監會網站下載的樣本公司年報；公司網站信息披露網址來自於年度報告，並結合實名搜索通過百度搜索引擎進行搜索。

3.4.2 統計結果及分析

以上市公司得分數除以該項目總分，可以分別得出六大類指標分別的得分系數，得分系數越高，表明上市公司信息披露在該方面做得越好；用每個公司六大類指標的總得分數除以總指標分數46，就得出該上市公司在整體信息披露上的得分數，具體描述性統計結果如表3-1所示。

表 3-1　　　　樣本公司信息披露得分情況描述性統計表

項目	審計方面	及時性	其他	違規處罰	自願披露	網站披露	總體得分
均值	0.707,083	0.600,84	0.977,082	0.919,328	0.194,118	0.340,803	0.603,215
最大值	1	1	1	1	0.7	0.888,889	0.804,348
最小值	0.142,857	0.25	0.636,364	0.6	0	0	0.413,043
標準差	0.129,988	0.146,713	0.058,244	0.114,446	0.147,461	0.295,651	0.086,736

從表3-1可以看出，違規處罰方面得分較高，說明上市公司基本都能按照信息披露法規的相關要求進行信息披露，標準差比較小說明上市公司在這方面的得分差異也不大；在其他方面（包括上市公司是否更正信息披露、是否有會計政策變更等）得分也較高，且差異不大；前述兩項說明上市公司總體上基本都能在信息披露的合規性上達到要求，這從樣本公司中深圳上市公司的大部分在深交所信息披露內部評級中都是及格以上水平可以得到佐證。

從信息披露的審計得分與及時性得分方面看，表現較好的公司與表現較差的公司差異較大，標準差與均值之比也較大，度量的區分度較好。

得分表現最差且區分度最大的是上市公司的自願信息披露與網站信息披露，標準差與均值之比達到90%以上，說明指標區分度較好。

從樣本的總體得分看，平均得分率為60%，最大值約為最小值的兩倍，說明上市公司信息披露透明度之間的差異比較大，但標準差為0.08說明大部分公司的信息披露得分集中在均值附近。

3.4.3 統計結論

從自建的指標體系對樣本公司的評價結果來看,上市公司總體信息披露水平不高,強制性信息披露水平較高且差距不大(註冊會計師審計與監管部門的處罰主要是針對強制性信息披露進行),自願性信息披露與網站信息披露水平很低且差異很大。此外值得注意的是,利用審計與處罰方面的得分來代替對上市公司強制性信息披露的評價有可能不能充分解釋上市公司之間強制性信息披露水平的差異,因為監管部門只對比較明顯的強制性信息披露違規行為進行處罰。

3.4.4 各類指標之間的關係考察

各類指標的自相關係數矩陣如表 3-2 所示。

表 3-2　　　　訊息披露質量分類指標的自相關係數矩陣

	X1	X2	X3	X4	X5	X6
X1	1	0.181,2	0.152,4	-0.055,6	0.288,3	0.120,1
X2	0.181,24	1	0.024,8	-0.066,58	0.243,0	-0.028,3
X3	0.152,4	0.024,81	1	0.298,1	0.109,7	0.024,9
X4	-0.055,6	-0.066,5	0.298,1	1	0.041,9	0.006,8
X5	0.288,30	0.243,0	0.109,7	0.041,9	1	0.253,7
X6	0.120,41	-0.028,3	0.024,9	0.006,8	0.253,7	1

其中,X1、X2、X3、X4、X5、X6 分別代表審計、及時性、其他、合規性、自願信息披露、網站信息披露方面的得分率。

從表 3-2 中可以發現,各類指標之間的自相關係數最大為 0.28,表明指標之間不存在多重共線性;另一個無法解釋的結論是合規性方面的評價與審計、及時性評價方面的得分竟然是微弱負相關,即信息披露合規性做得好的企業,審計與及時性方面得分評價反而較低。但從與自願信息披露、網站信息披露、其他信息披露三方面指標的相關性大小來看,審計、及時性指標比合規性指標與之的相關性更強,說明監管部門處罰統計不能很好地區分上市公司強制性信息披露的優劣,即區分度不強,因為上市公司信息披露除非做得比較過分而又拒不更正,才會受到監管部門或交易所的處罰。但是監管部門的處罰畢竟也受證券市場的重視從而影響上市公司的資本成本,因此仍然被包括在指標體系中。接下來的篇幅將驗證信息披

露違規公告的市場反應狀況，以證實上述結論。

此外，由於后面章節需要根據信息披露的結果探索信息披露與資本市場成本以及市場流動性的關係，因此需要關注信息披露評價指標的各個組成要素的資本市場反應，其中審計評價與信息質量的關係已有諸多文獻，因此無需重新論證，自願信息披露與網站信息披露也有諸多文獻論證，因此本書從略。而關於監管部門的處罰的市場反應，目前學術界的論證相對較少，因此本書以專門篇幅做一實證考察。

3.5 上市公司訊息披露違規行為處罰的市場效應

3.5.1 樣本選擇

樣本數據來源於 Wind 數據庫，從 2003 年至 2006 年 3 月底，證監會與交易所處罰的上市公司有 169 家，其中被交易所公開譴責的有 112 家，包括深交所 62 家、上交所 50 家，被證監會公開處罰的有 57 家。本書從被證監會處罰的 57 家上市公司中隨機抽取上交所上市公司與深交所上市公司各 20 家，從在上交所上市並被上交所公開譴責的上市公司中抽取 20 家與在深交所上市並被深交所譴責的上市公司 20 家組成混合樣本，採用事件研究法研究證監會處罰的市場效應，並用超額累計收益率來反應這種反應強度。選擇的樣本公司參見附錄 2。

3.5.2 時間窗口選擇

選擇處罰信息公布日前 8 天以及公布后 8 天各 8 個交易日作為事件公布的觀察窗口。

3.5.3 超額收益的計算方式

本書採用經典的資本資產定價模型計算每支股票在觀察期的超額累積收益。即 $Ri = Rf + 貝塔系數 \times (Rm - Rf)$，其中 Rf 取當年度 1 年期定期存款利率，貝塔系數數據從 Wind 系統取得，採用公布日前 100 周的數據，市場收益率深市採用深成指數、滬市採用上證指數計算。在計算過程中一些股票由於停牌等原因造成了數據缺省，從而又從 80 家公司中剔除 10 家，因此最終樣本量為 70 家，參見附錄 3。

3 上市公司信息披露透明度及其評價

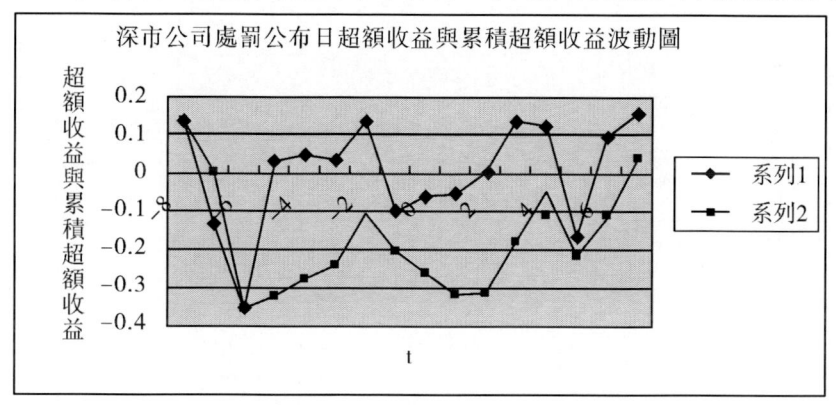

最終計算所得的超額收益率在事件窗口中的分佈分別如下列圖表所示。

圖 3-1　深市公司處罰公布日超額收益與累積超額收益波動圖

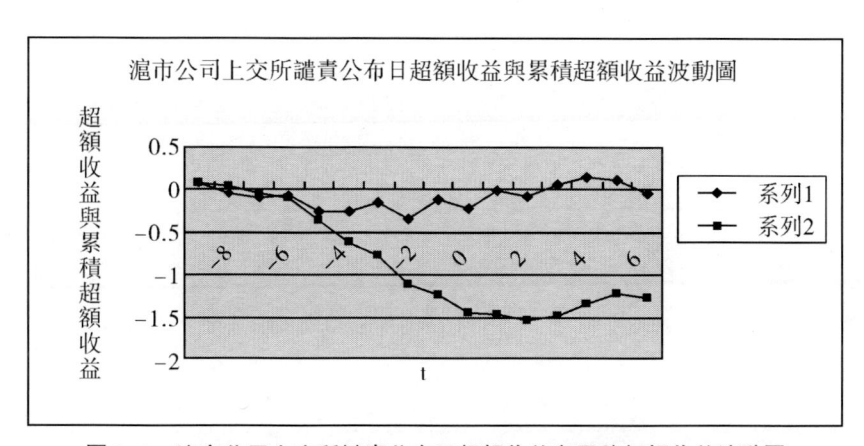

圖 3-2　滬市公司上交所譴責公布日超額收益與累積超額收益波動圖

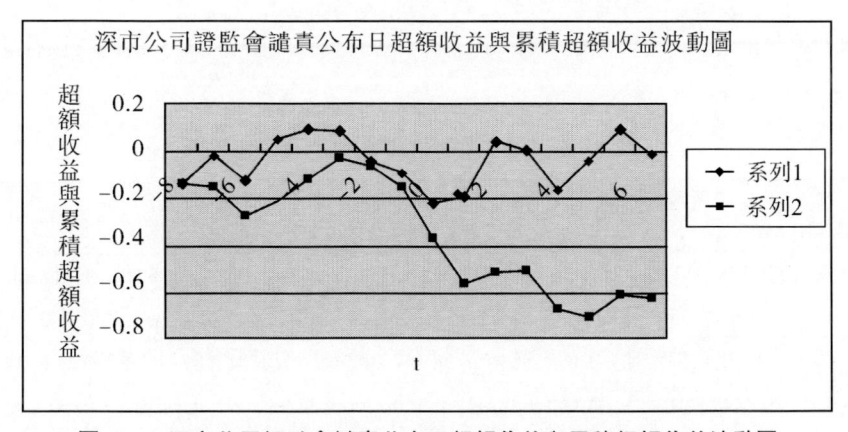

圖 3-3　深市公司證監會譴責公布日超額收益與累積超額收益波動圖

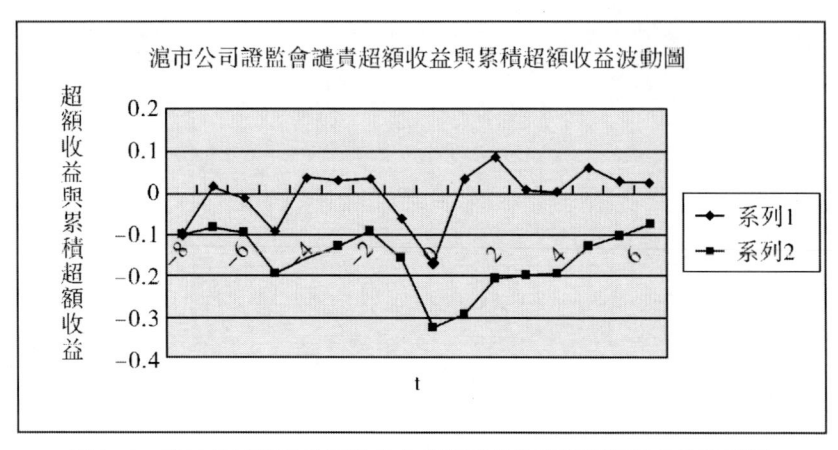

中國上市公司信息披露質量評價及市場效應研究

图 3-4 滬市公司證監會譴責公布日超額收益與累積超額收益波動圖

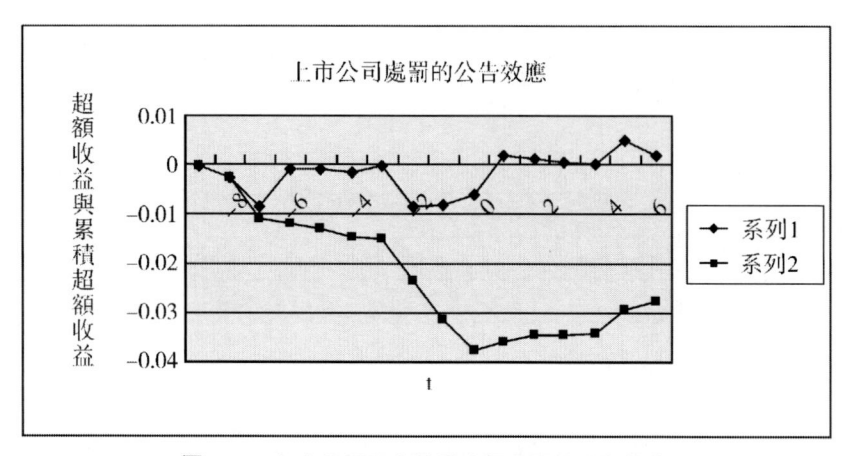

图 3-5 上市公司訊息披露違規處罰的公告效應

圖 3-1 至 3-5 中上線（系列 1）代表超額收益，下線（系列 2）代表超額累積收益。

表 3-3　　　　上市公司被譴責後的市場超額收益表

時間窗口	深交所譴責公司	上交所譴責公司	證監會譴責深市公司	證監會譴責滬市公司	混合樣本
-8	0.138,812,098	0.086,094,732	-0.133,463,167	-0.098,672,521	-0.000,1
-7	-0.134,356,44	-0.043,854,556	-0.014,242,678	0.013,930,613	-0.002,55
-6	-0.358,425,31	-0.090,924,123	-0.122,039,729	-0.012,871,674	-0.008,35
-5	0.030,960,213	-0.055,473,417	0.056,906,833	-0.097,426,597	-0.000,93
-4	0.046,404,876	-0.260,595,779	0.100,488,505	0.038,455,456	-0.001,07

表3-3(續)

時間窗口	深交所譴責公司	上交所譴責公司	證監會譴責深市公司	證監會譴責滬市公司	混合樣本
-3	0.035,137,717	-0.264,724,631	0.089,436,583	0.029,484,477	-0.001,58
-2	0.138,453,655	-0.159,854,441	-0.037,048,754	0.033,634,919	-0.000,35
-1	-0.100,684,81	-0.336,497,75	-0.091,058,335	-0.064,836,757	-0.008,47
0	-0.058,510,55	-0.113,478,212	-0.219,186,007	-0.168,748,318	-0.008
1	-0.054,041,93	-0.222,571,797	-0.187,332,042	0.034,091,379	-0.006,14
2	0.001,636,038	-0.008,275,24	0.046,027,966	0.087,801,02	0.001,817
3	0.138,501,047	-0.074,511,355	0.007,274,869	0.007,019,12	0.001,118
4	0.127,992,378	0.052,630,969	-0.165,538,986	0.002,100,601	0.000,245
5	-0.166,990,41	0.141,903,689	-0.031,012,76	0.066,152,829	0.000,144
6	0.097,343,745	0.117,023,57	0.095,349,896	0.025,879,424	0.004,794
7	0.158,685,788	-0.052,563,8	-0.013,920,89	0.028,098,084	0.001,719

　　從表3-3中以及圖中均可以看出，在處罰公告的公布日以及公布日前後各一天市場都有較強的反應。超額收益都顯著為負，為了驗證超額收益的顯著性，以公布日、公布日前後各一天的超額收益平均值為比較基準，比較其與樣本觀察窗口內其他各天超額收益差異的顯著性。單總體假設檢驗的結論如表3-4所示。

表3-4　　　　超額收益差異的單總體假設檢驗

項目	深交所譴責	上交所譴責	證監會譴責深市公司	證監會譴責滬市公司	總體平均
三日平均	0.071,079,097	0.224,182,586	0.165,858,795	0.089,225,485	0.007,537
總體平均	0.111,683,562	0.130,061,129	0.088,145,5	0.050,575,237	0.002,962
T統計量	1.947,533	-3.980,332	-4.813,715	-3.481,327	-5.896,57
P值	0.070,4	0.001,2	0.000,2	0.003,3	0

　　從表3-4中可以看出，深交所譴責的上市公司市場反應不是很強烈，而上交所譴責的上市公司市場效應在0.12%的水平上顯著；證監會處罰的公司效應比交易所所譴責的市場效應更好，並且在很高的水平上顯著；從混合樣本的效果來看，監管部門處罰的市場效應非常顯著，在0水平上顯著。

4 訊息披露質量的影響因素分析

前一章從表象上研究了信息披露質量的優劣評價之後，邏輯上的延續就是探究決定信息披露質量高低的各種影響因素，為信息披露機制的完善提供理論和實證上的證據。本章主要從利益相關者行為的制度分析與實證檢驗兩方面對信息披露質量的影響因素進行分析。

4.1 影響上市公司會計訊息透明度質量的利益相關者行為分析

現代公司是諸多利益相關者的契約結合體，股東、債權人、客戶、員工、政府以及其他公司利益相關者根據各種顯性與隱性契約投入各種資源，並根據企業的經營與發展成果分享利益。財務會計作為一種信息系統，為契約的事前簽訂、事中監督、事後考核提供信息支撐平臺。不同的信息使用者，由於契約性質不同，面對的收益與風險分佈不同，決策模式不同，因而決策所需信息的範圍、深度以及關注域也相差很大。總的來說，有關公司價值變動的所有信息都應該納入被關注的範疇，因而既有財務信息又有非財務信息，既有宏觀信息又有微觀信息，既有政策面信息又有行業面以及公司分部明細信息。關注信息透明度，就必須對利益相關者的決策模式以及所需信息有一個深入而全面的瞭解，這樣才能為信息透明度質量的全面提升奠定一個良好的基礎。

4.1.1 股東行為與訊息透明度

古典的企業理論把土地、勞動以及資本列為價值源泉的三大基本要素，資本在市場經濟中的重要性毋庸置疑。資本以其逐利性、通約性、天

生的最佳風險承擔者等特點在市場經濟的初始階段凌駕於其他生產要素之上。歷史經驗表明，資本市場越發達，信息披露越充分透明，對投資者的保護越好，社會經濟就會越活躍，發展就會越好，公司其他利益相關者的利益也就能夠更好地得以實現。

按照對企業的控制力度，股權投資者可以分為控股股東與非控股股東，按照對自己權利的行使方式，股權投資者可以分為「用手投票」者與「用腳投票」者。一般說來，控股股東「用手投票」，非控股股東中的小股東「用腳投票」是明智的選擇。而介於二者之間的股東既可能「用手投票」，也可能「用腳投票」，這取決於該公司的股權設置狀況、該股東的持股目的以及「用手投票」與「用腳投票」收益與成本的權衡。中國目前的上市公司，股權分置改革尚未真正完成，流通股與非流通股的權利的區別設置是造成目前資本市場諸多弊病的癥結，也是研究上市公司信息披露必須重點關注的地方。

控股股東是指其持有公司股權比例較大，能夠實現對公司的控制權。控制權是指決定公司大政方針的權利，包括公司法規定的各項股東權利甚至通過控制董事會從而決定公司經營決策的權利。國內外的實證研究表明，擁有控制權能夠產生控制權收益。控制權收益具體呈現多種方式，包括通過在董事會的控製作用使公司的運作能夠按照自己的意願進行而帶來的企業增量收益，這種收益能夠為所有股東共享，也稱為控制權的公共收益；另外，控制權還能夠為控股股東帶來私人收益，體現在除了控股股東因控制上市公司能夠帶來自身聲譽與品牌的提升，並為控股股東所獨享外，控制權還能為控股股東帶來「掠奪效益」，即由於控股股東持股權與現金流量要求權存在差異，使得控股股東能夠享受掠奪帶來的全部收益而只需要承擔較少（相對於持股部分）的成本，持股權與現金流量權的差異越大，掠奪的可能性就會變得越大。在中國上市公司，由於法人股一般不能流通①，只能採用協議轉讓的方式進行，由此帶來控股股東決策行為的異化以及上市公司法人治理結構的扭曲。體現在融資決策中，IPO上市時，由於發起人股與社會公眾股獲得股份的代價存在很大差異，公眾股溢價越高，發起人股對流通股股東的利益侵占就越重；在保持控制權的前提下，配股時控股股東往往通過配股價的確定以

---

① 本處闡述股權分置改革前的公司治理狀況對於信息披露的影響，股份分置改革期間，法人股改為限售，三年凍結期滿后改為全流通，無論是限售期間還是以後的全流通階段，由於法人治理結構中的股東權利及利益機制發生了較大的變化，對於信息披露以及資本市場的影響可能會呈現另外一種狀態，后文將有闡述。

及放棄配股權來達到對流通股股東利益的侵占。在日常經營活動中，控股股東則通過資金占用、關聯擔保、顯性或隱性關聯交易手段轉移上市公司的利益為己所用；在投資活動中，則體現為不按募集資金的既定目的有效安排項目投資，隨意改變募集資金用途甚至挪用資金、用於委託理財等，或者以投資之名行轉移資金之實。

在收益分配環節，由於法人股不能流通，缺少市場定價機制，企業經營業績的好壞不能通過股票市場價格得到反應，因此傳統的股利政策約束機制在中國資本市場上失去其應有的作用，大股東要麼長期不發放現金股利、存在自由現金流量的浪費現象，要麼迫於監管部門的外部約束大面額發放現金股利。由於不同股份的持股成本存在較大差異，使得發放股利政策成為控股股東套現的工具。

此外，在不規範的二級交易市場上，由於控股股東的股權不能通過流通實現資本收益，必然存在控股股東或管理層與市場上的大莊家合謀操縱市場以便從二級市場獲取超額收益的誘因。

控股股東發生的利益掠奪，必然以虛假信息披露、隱瞞信息披露、延遲信息披露等手段進行掩蓋。

關注中國資本市場的會計信息的透明度，就必須注意其特殊的公司治理形態帶來的特殊影響。在西方發達的資本市場中，隨著資本市場的逐漸成熟，公司股權越來越分散，公司治理主要關注所有者與經營者之間的委託代理關係，公司信息披露主要研究如何約束管理層向市場投資者充分披露有關公司的各種信息。在中國資本市場，上市公司大股東一股獨大與國有股權的超常控制兩者交織在一起使得上市公司的各種決策行為以及信息披露存在異化狀態。國有股權一股獨大帶來兩個顯而易見的缺陷：一是股權一股獨大使得公司法人治理結構缺乏制衡，容易成為掠奪中小投資者的溫床；二是國有產權主體存在所有權虛置現象，所有人缺位以及代理鏈條的延長容易造成公司內部人控制，從而帶來更低的會計信息透明度。經驗研究表明，公司績效隨著股權集中度的提高先升後降，適度的股權集中度能夠產生良好的公司績效，該結論對於公司信息透明度是否適用是一個有意義的問題。公司股權集中度越低，內部人控制越嚴重，管理層操縱更為嚴重，公司信息可能不透明；股權集中度變高，較為均衡的股權結構有助於公司利益平衡與信息披露；公司股權集中度更高，一股獨大下的治理結構使得控股股東的控制與操縱變得合乎邏輯，信息披露的可信度會下降。

對於證券市場上的小股東而言，其投資的目的主要是獲取投資收益、減少投資風險。其收益的取得方式無外乎股票的買賣價差以及股利收益。由於

其持股數額使其在公司控制權的爭奪中不具有單個意義上的發言權以及集體意義上的可行性，搭便車並「用脚投票」是其理性選擇。由於在中國證券市場上的上市公司法人股與流通股的股權分置造成的持股成本不同，發放股票紅利與否大多會造成對流通股股東的不公平，因此股票市場上的流通股小股東主要關注持有股票的資本利益利得或者說是股票買賣價差，股價的預期波動及走勢是股票買賣或持有的主要決策考慮因素。股票的價格及波動受股票的內在價值以及外在於公司的其他因素的影響。股票的內在價值與公司價值是一個既相聯繫又相區別的兩個概念，從資產評估或者會計準則的意義上來說，公司價值的大小取決於公司這個由各種資源契約組成的結合體能夠在未來為公司的全體利益方帶來多少折現的現金流量，因此其大小既取決於企業現有的資源存量，又取決於今后的收益表現。前期以及當期的經營表現可以代表一部分對公司將來前景的良好預期，公司的合併、分立，或者重組、擔保以及投資等非經常性事項也將改變股民對公司將來價值走向的合理預期，公司大量未能在會計上進行量化的非財務事項比如研究與開發、人力資本累積、產品質量的改進以及客戶關係網路的改善更是與公司將來的業績、公司目前的價值正相關。一般說來，公司價值的增長一般都會帶來股票內在價值的增長，但在中國的資本市場上，公司價值的增長未必能夠被流通股股東所分享，只要由於公司治理結構不合理帶來的對中小股東的掠奪現象繼續存在，公司價值這個大蛋糕的增長並不必然帶來流通股股票內在價值的提升。雖然這個問題並不僅僅通過信息披露就能夠解決，但是正如「陽光是最好的『殺毒劑』，燈光是最好的警察」一樣，充分而透明的上市公司信息披露無疑是中小投資者透視公司股票內在價值的最好顯微鏡。根據馬克思商品價值與價格關係理論，股票作為一種特殊商品，其價格由內在價值決定，並圍繞價值上下波動。除了上述列舉的原因影響股票內在價值變動從而影響股票價格變動之外，其他諸多因素也會影響股票的價格變動，最大的影響因素為股票的供求關係。影響股票供求關係的因素也較為複雜，典型的有債務市場的利息水平、股票市場的資金供給水平、未被市場預期到的宏觀經濟政策的調整與變動等。當然，投資者心理集體非理智性變動也是影響公司股價的重要因素。

　　對於證券市場中小投資者而言，研究信息披露具有非常重要的意義。與大股東和上市公司的管理層相比，中小投資者決策價值的大部分信息都是來源於上市公司的信息披露。從重要性角度講，上市公司中小投資者既為上市公司提供了必要的資金，又為證券市場提供了必要的流動性，還能夠分散大股東創新業務的市場風險。證券市場的「公平、公正、公開」的

三公原則只有建立在信息公開的基礎上才能實現對中小股東的公平和公正，才能保護中小投資者參與資本市場的積極性。從信息披露的內容來看，凡是能夠影響股票內在價值的所有公司價值變化相關因素都必須充分、及時、完整、有效地向市場披露。這樣的信息既要面向歷史信息，更要著力於與公司價值相關的未來信息；既要著力於財務信息，又要注重非財務信息；既要注重基於歷史成本的信息，還要致力於基於可靠性基礎上的公允價值及其變動的信息。提高上市公司的信息披露透明度，不僅需要提高信息內容生產的結果，還要關注信息生產的過程以及計量手段的綜合運用及準確性的提高；既要關注信息披露的內容，還需要改進現行信息披露的方式，採用電子網路等手段，以 XBRL 等語言實現上市公司與投資者之間的適時動態溝通。

　　關於股權結構與上市公司信息透明度，國內的實證研究有李豫湘等（2004）[1] 研究發現上市公司自願信息披露與第一大股東持股比例呈 U 型關係。李耀松等（2006）[2] 以東北上市公司為樣本研究發現上市公司信息披露質量與股權集中以及是否有外資股正相關。李遠勤等（2006）[3] 以深市國有上市公司為例，從股權集中度、機構投資者持股情況、高管層持股情況等不同角度分析了上市公司股權結構與自願披露水平之間的關係，發現國有上市公司的自願披露水平與機構投資者持股比例和高管持股比例顯著地正相關，股權集中度不影響自願披露水平，另外，公司規模、流動資產率以及財務槓桿均對自願披露水平有顯著影響。王咏梅（2003）[4] 的研究發現，上市公司自願信息披露水平與股權分散程度正相關。

　　股權分置改革完成后，上市公司的利益關係基礎發生了重大變化，從而對於信息披露的治理產生較大影響。在股東利益方面，股權分置改革割除了普通股股票同股不同權的毒瘤，上市公司控股股東利益與中小股東利益客觀上將更趨於一致。由於大量股票的套牢效應，大股東也必然關注二級市場上股價的變動情況，這將有效遏制以往那種上市公司盲目圈錢以及控股股東通過關聯交易、占用資金等形式侵害流通股東合法權益的動機，因此產生的虛假披露行為將趨於減少。但股權分置改革將進一步強化上市

---

[1] 李豫湘. 中國公司治理與自願信息披露的實證分析 [J]. 重慶大學學報（自然科學版），2004（12）.
[2] 李耀松. 東北上市公司會計信息披露質量的治理因素分析 [J]. 科技與管理，2006（4）.
[3] 李遠勤. 股權結構與自願性信息披露——來自深市國有上市公司的經驗證據 [J]. 統計與決策，2006（4）.
[4] 王咏梅. 上市公司財務信息自願披露指數實證研究 [J]. 證券市場導報，2003（9）.

公司虛假信息披露的利益驅動機制，股改后大股東利益與股價的密切聯繫增加了大股東利用粉飾報表、虛假披露、內幕交易等手段進行市場操縱的可能性，大股東與機構投資者合謀進行利益輸送的可能性也在增加。不能排除控股股東通過虛假信息披露操縱二級市場獲利然后反哺上市公司的可能性，而且國資部門將公司股價列為考核控股股東業績的重要指標，導致控股股東具有更強烈的造假動機；也不能排除控股股東在現金流量權與控制權偏離較大的狀況下（或者需要金蟬脫殼），通過更為隱蔽的關聯交易①，侵占公司資產，損害公司利益和中小股東的權益。

4.1.2 債權投資者行為與公司訊息透明度

債權人投資者以固定合同回報的形式向公司提供發展所需要的資本，固定收益合同使得他們承受的風險小於股權投資者，除非特殊情況下不能享受公司的控制權，公司償債能力正常時，他們的投資本金能夠收回，合同約定的固定收益也能順利實現。一旦公司財務狀況出現問題，其本息的安全性則處於風險暴露狀態。他們一般通過公司管理層提供的會計信息判斷公司的償債能力及其變化，由於公司經營成果的好壞會隨時影響公司的財務狀況，因此公司的經營績效也是他們重點關注的範疇。除了往往要求借款人提供實物擔保外，債務契約條款往往會對企業的經營行為做出一定的限制，比如對外投資、轉移資產、關聯交易、股利的發放比率、公司新增債務、公司對外提供擔保、其他隱形債務的適時披露等，作為公司是否履行債務契約的顯示器，公司會計信息系統必須如實提供上述信息。除此之外，由於逆向選擇行為的存在，股東容易將債權人資金用於從事高風險的投資活動，這會降低以固定收益回報為所得的債權人的債權價值，因此借款契約簽訂前借貸資金的投資方向以及借款后是否按照契約規定範圍與期限進行資金投放亦是債務人信息披露的重要內容。

對於可轉換債券的投資者，其持有債券的投資行為相當於一項固定投資加上一項股票期權的投資行為，債權人關注的信息不僅包括一般債權人應當關注的內容，還應當包括股權投資者關注的公司股價變動及其影響因素。

債權人在簽訂債務條款並確定利息時，既可以自行評價公司的信用度，也可以借助信用評級機構的信用評級來決定對貸款人的貸款額度以及

---

① 如關聯交易非關聯化、非經常性交易財常化、假帳真做、期間造假期末轉回、上市公司與二級市場聯動操作等。

利息高低。信用評級時除了關注企業的財務狀況、實物擔保等因素外，還必須高度關注借款人的公司治理結構及其變動狀況，不健全的公司治理結構下或者複雜的集團股權結構安排下，借款人的資源會被公司控股股東或者管理層轉移到其他利益相關者手中，從而使得公司舊的債權人價值受到損害。中國資本市場上「德隆」「托普」「朝華」等「系族」企業控股股東利用不公允的關聯交易或者隱形關聯交易掠奪公司資源，不僅損害了少數股東的利益，而且損害了以銀行為主體的債權人的利益，大股東占款以及上市公司之間相互擔保鏈條的形成及惡化就是這方面的典型例證。因此公司股權結構的安排以及關聯交易的如實、及時、充分披露也是債權人關注的重要區域。

企業的供應商也是企業很重要的資源提供者，這種因為企業之間正常的商品與勞務交易而構成的結算債權還款期一般更短，除了商業票據形式的債權保證性較高之外，一般債權的相當數量部分還款期限往往超過正常商業結算週期而具有不確定性。與銀行、保險等金融企業債權人是企業的「財神爺」的強勢地位與形象相比，企業結算債權基本上是一種信用債權，既無抵押也無擔保，因此它的收回可能存在更大的風險。由於中國現在的市場大部分是買方市場，應收帳款、應收票據等商業信用是一種正常、普遍的現象，現實經濟生活中企業之間三角債現象比比皆是。因此，控制商業結算債權的發生與收回是企業實現真實收益的重要保證，建立客戶信用檔案、分析客戶的信用狀況變化是企業銷售管理中非常重要的工作環節。客戶信用信息來源渠道很多，可以是直接向採購方索取和求證相關信息及其真實性，也可以通過與客戶建立長期合作夥伴關係來逐漸累積信用信息，但不可否認的是，大部分信息還是來自於客戶定期公布的財務報告以及其他及時公布的臨時公告。

4.1.3 管理層治理與公司訊息透明度

在兩權分立比較充分的現代企業，根據詹森與麥克林的委託代理理論，股東與管理者形成委託代理關係。委託代理關係帶來兩個問題：一是代理成本問題，二是信息不對稱問題。

代理成本是指為了保證代理人按照委託人的利益行事而帶來的成本。一方面來自於委託人對代理人進行監督而發生的成本，監督越充分，代理人自利行為造成的代理損失越小，但是代理費用越高，代理人積極性受到損害而帶來的成本越高；另一方面，為了提高代理人按照委託人利益行動的自覺性，有必要採取一定的措施激勵代理人，從而發生激勵成本，激勵

的形式很多，不同的激勵方式會帶來不同的激勵成本習性，總的說來，激勵越大，激勵成本越高。因此，無論是監督還是激勵都會帶來相應的成本與收益（或者減少的損失），一個總的原則是，約束與激勵的增量收益一定要大於相應成本的增加。

委託人與受託人之間信息不對稱是一種常態，區別的只是程度不同而已。受託人處於企業經營的第一線，相比較委託人而言，總是擁有關於企業經營機會、風險、業績等方面的更為全面的信息，內部人的地位使其在處理其與委託人之間的關係特別是涉及自身利益關係時總會存在機會主義的趨向。在權衡商業機會的風險與收益時，如果說投資者是風險中性，管理者一般來說是厭惡風險，因為受託人一般要承受商業失敗帶來的許多風險（如被解雇、聲譽受到損害等）而往往並不能享受商業機會成功帶來的大部分利益。因此，決策中如何權衡風險與收益並報告他們，可能受委託人與受託人之間的激勵合同影響較大。在涉及二者之間制定業績指標以及根據業績指標來進行激勵方面，由於管理者是信息的唯一生產方，因此其既有動機也有機會修飾業績以與業績合同相匹配。具體表現在：制定業績合同時，誇大客觀困難以獲得一份更容易的合同。業績考核時，根據業績合同的不同形式並結合企業的經營狀況進行業績修飾，對於以短期業績指標為主的合同，管理者有將收益平滑化的趨向（當期無論如何努力都達不到合同業績時，加大虧損以利於來年，當年業績遠超過合同時，做大成本費用「以豐補歉」等），即使業績合同以企業較長期間的業績表現為基礎（如期權等激勵方式所倡導的），由於長期業績評價的市場評價的效率並非總是很高，也會存在業績操縱的可能性。

代理成本與信息不對稱問題的根源主要在於委託人與代理人之間的收益與風險不對稱的問題，即代理人與委託人利益不一致的問題。古典的企業理論把企業看作一個既定的生產函數，主要研究在既有資源約束下怎樣實現生產的最大化。從科斯開始的現代企業理論把企業看作是市場的一個替代性組織，是一種節約交易成本的市場替代性安排，市場上不同的企業是一系列不同的合約安排，其目標導向是將各種生產要素結合在一起，節約契約的搜索成本、談判成本以及監督成本，從而最大化地組織利潤生產。這些要素的投入者投入各種資源，共同完成為誰生產、生產什麼、生產多少、怎樣生產等基本問題，同時以此為載體，實現投入資源的價值保值與增值。各項資源表面看來是物與物的關係，背後隱藏的卻是人與人之間的經濟利益關係，生產本身不是目的，追求增值及其「自我滿足」的分配才是最終目的。「天下熙熙，皆為利趨；天下攘攘，皆為利往。」資源初

始投入量的界定、生產過程中各自的貢獻度、收益分配的方法及計量都必須通過事先的合同來界定，但由於合同簽訂各方的信息不對稱與故意隱瞞，資源計量的會計與統計手段的各種缺陷，使得即使在合同的初始簽訂階段也很難做到完備（也叫「事前不完備」，這一點在上市公司的併購過程、上市公司首發上市過程中的定價等問題上有典型體現）。初始合同建立后，由於現代公司的兩權分立，所有者與公司經理層之間被一道法人財產權所隔離，公司經理層負責公司的日常經營實務，做出決策，承擔風險，但並不對等承擔其帶來的全部風險，也並不享受其全部收益，即其控制權與剩餘索取權並不對等。作為公司物質資本的提供者，由於在人力資本方面的劣勢，所有者只能將物質資本的使用權讓渡與公司經理層。根據公司制的安排，作為企業風險的最后承擔者且其不可分散性，所有者承擔自己決策、公司經理層決策以及員工行為帶來的全部風險，因此被認為是企業剩餘收益理所當然的擁有者，其他企業的資源提供者由於沒有承擔剩餘風險的能力，因此不應該享有剩餘索取權。這也是財務管理中股東價值最大化目標的理論依據。也有相反的觀點認為，人力資源特別是企業家才能也是一種專用性比較強的資源，其經營能力與所從事的特定行業或企業高度相關，離開特定企業的依託體，其經營能力與才華的使用空間也會大打折扣；特定企業的員工也是企業專用性較強的資產（石油鑽井工人離不開鑽井，化工工藝上的工人只熟悉特定的化工工藝），因此其人力資源的投入也是一項風險性強且更不容易分散風險的活動，以此主張人力資源的提供者也應該享有剩餘索取權，反應在企業的財務管理目標上就是利益相關者最大化或者說是公司價值最大化。

必須明確，討論剩餘索取權的歸屬，不管是由所有者獨占還是利益相關者共享，都有一個利益分配機制的執行問題。公司治理的問題實際就是一個剩餘控制權與剩餘索取權是否匹配的問題，換句話說就是剩餘收益的分配需要控制權來做保證。在代理關係中，股東是委託人，是全部或者大部分剩餘收益的所有者，為了保證其初始投資成本不受管理者濫用，必須保留監督財營者的權利，主要體現在股東大會上的各項股東重大決策權限的行使以及董事會構成的決定並通過其監控公司經營者的各項治理措施的設置上。監督力度越大，利益分配越有保障，但監督成本會升高並且過度的監督與干預會約束經營者創業才能的發揮。

代理關係的另一方是經營者，由於初始合同約定由經營者根據具體的經營形勢行使各項具體的經營決策，因此一般認為與經營決策相關的決策控制權應該賦予管理者階層。管理者階層的效用函數與投資者不同，普遍

的情況下收益的基本部分採用固定薪酬的形式，其做出好的投資與經營決策帶來的收益大部分自己不能享受，決策失誤的大部分風險不用自己承擔，因此其追求閒暇與職位享受的動力很可能大於為股東創造利潤的衝動。更為關鍵的是，由於經營者經營決策行為過程的不易監督的特徵，以及收益據以分配的各種信息產生源泉來自於代理人自身，使得投資者的監督成本變得更加高昂。因此，讓管理者擁有剩餘控制權的同時也賦予其一定的剩餘收益索取權是一個普遍而可行的激勵措施，也可以借此鼓勵管理者如實披露價值創造的信息，這也是各種管理者期權方興未艾的主要原因。研究管理者剩餘控制權與剩餘索取權的匹配狀態對企業信息披露的影響是一個非常有趣的問題。

上市公司中，管理者剩餘控制權與剩餘索取權的匹配呈現一種隨機的狀態但被公認為有規律可循。第一種是家族控制企業。家族大股東是實際控制者，這種公司的董事會成員主要由家族成員或者其代理者控制，控制權的高度集中使得股東大會與董事會制衡機制失衡，董事會中內部董事與獨立董事提名決定於家族股東，董事會成為「橡皮圖章」，更遑論監事會以及經理層。這種治理結構下，除非基於特定需要，企業向外提供高透明度信息的概率較小，資本市場上的「德隆系」「托普系」等即是這方面的典型例子。第二種是國有企業。在中國現行國有資產管理體制中，國有資產的所有權屬於國家，產權屬於全體人民，或者說屬於其代理機構——全國人民代表大會，這是第一層代理鏈；全國人民代表大會將國有資產的產權授予各級管理機關，經營性國有資產管理權屬於國資委、資源性國有資產管理權屬於國土部門、非經營性國有資產管理權屬於財政，這是第二級代理鏈；經營性國有資產又被國資委授予國有資產經營公司或者授權給大型的國有企業集團代管，這是第三層代理鏈；在國有資產管理公司下面是具體的國有資產經營企業，換句話說，國有產權與最終的企業經營權之間經過了至少4層代理鏈條。代理鏈條的延長造成很多不良后果：一是所有權虛置，國有企業是全體人民的，但又沒有真正的主人，各級代理人都不真正享有國有企業經營好壞帶來的收益與風險，從而在內心缺乏一種真正的關心衝動；二是「婆婆」眾多，干預鏈條過長帶來決策價值的僵化與滯后，信息向上傳遞過程中的層層衰減與失真；三是對經理層形成與選擇的行政化取向導致「官出數字，數字出官」現象不能得到有效遏制，信息披露的目標不能得以有效建立。具體來說又分為以下幾種情況：第一種是國資委以及主管部門控制度較強的企業。其經理層的人事任免權很大程度上由上級主管部門任命，其信息披露的核心可能是以上級領導考評滿意最大

化為目標導向。第二種是內部人控制比較強的企業。這種企業往往是領導班子為企業的發展與輝煌立下過汗馬功勞，深受主管部門領導與職工的信任，主要領導非常強勢，信息披露主要是以內部人的利益為出發點，信息透明度也可能有限（這一點從證券市場不少上市公司「管理層 MBO」事件中的信息披露可以得到證明）。對於一般的公眾上市公司，剩餘控制權與剩餘索取權的配置也會呈現一種多樣化的狀態。一般說來，公司業務性質越複雜，管理層在公司實際運作過程中攫取的剩餘控制權越多，不管在權利的初始配置中投資者有多麼強勢，這樣的轉化似乎是難以避免的，這樣的公司就應當適當增加管理者的剩餘索取權，使其控制權與索取權的差異縮小到一定的限度，實現管理者的激勵兼容，也減少管理者在信息披露中的隱藏現象。第三種是股權高度分散的公司。其管理層的內部人控制問題也可能變得比較嚴重，公司治理結構的缺陷有可能使得信息披露的透明度得不到提高。因此可以推理，股權結構適度分散，控制權與剩餘索取權配置比較適度的企業其信息透明度可能最高。

股權分置改革完成后，根據國資委的相關規定，股權分置已經完成的上市公司可以推行期權激勵制度，各種期權激勵制度有利於將管理者的報酬和風險與上市公司的長期經營業績聯繫起來，解決上市公司的激勵相容問題，有助於上市公司的長遠發展。但是上市公司管理層在二級市場巨大利益和業績考核壓力的驅使下，也將有更強的造假動機。

關於公司治理中管理層與上市公司信息披露關係的實證文獻主要有：

4.1.3.1　國外文獻

Forker (1992)[①] 以美國上市公司為例，研究了公司治理結構特徵與自願性信息披露的關係，發現董事會中獨立董事的比例和審計委員會的存在與股票期權信息披露程度呈正相關關係，而董事長兼任總經理的公司其股票期權信息披露程度較低。Craswell 和 Taylor[②] 對澳大利亞石油和天然氣公司自願披露準備金信息的研究表明，所有權和控制權分離的公司其自願披露準備金信息的程度就高。McKinnon 和 Dalimunthe[③] 檢驗了澳大利亞多元化經營的上市公司自願披露分部信息的經濟動機，發現所有權分散的程度

---

① Forker J. Corporate governance and disclosure quality [J]. Accounting and Business Research, 1992 (22): 111-124.

② Craswell A, Taylor S. Discretionary disclosure of reserves by oil and gas companies: an economic analysis [J]. Journal of Business Finance and Accounting, 1992 (19): 295-308.

③ McKinnon Jill L, Dalimunthe L. Voluntary disclosure of segment information by Australian diversified companies [J]. Accounting and Finance, 1993, 33-50.

是影響公司自願披露分部信息的因素之一。Hossain 和 Adams[①] 通過對吉隆坡股票市場上市公司自願性信息披露的研究，發現所有權集中度與自願性信息披露程度呈負相關關係。Raffournier[②] 對瑞士上市公司自願披露財務信息的決定因素的研究表明，所有權分散度與自願性信息披露程度呈負相關關係。Simon 和 Kar[③] 研究了中國香港上市公司董事會中獨立董事比例、審計委員會是否存在、董事長是否兼任總經理以及董事會中家族成員比例這四個公司治理因素與自願性信息披露程度之間的關係。結論表明，存在審計委員會的公司其自願性信息披露程度較高，董事會中家族成員比例越高的公司，其自願性信息披露程度就越低。Chau 和 Gray[④] 研究了中國香港、新加坡上市公司所有權結構和自願性信息披露之間的關係，結論顯示，外部所有權結構的比例與自願性信息披露程度呈現正相關關係。同時，在「內部人控制」或家族控制的公司中，自願性信息披露會更少一些。

4.1.3.2 國內文獻

殷楓（2006）[⑤] 以 2002 年 169 家上市公司為樣本，研究公司治理結構與上市公司信息披露的關係。研究發現：董事長不兼任總經理的公司，其自願性信息披露程度比較高，而董事中獨立非執行董事的比例、監事會人數、審計委員會公司治理因素並沒有對自願性信息披露程度產生影響。

婁權（2006）[⑥] 以深圳股票市場 2001—2004 年 4 年共 1,958 家上市公司的面板數據為研究樣本，運用實證分析的方法，檢驗上市公司信息披露質量的影響因素。實證結果顯示：信息披露質量與第一大股東持股比例、資產規模、淨資產收益率以及審計意見正相關，而與資產負債率負相關；設立審計委員會的公司的信息披露質量較高。

---

① Hossain M, Tan L M, Adams M. Voluntary disclosure in an emerging capital market [J]. International Journal of Accounting, 1999（29）：334-351.

② Raffournier B. The determinants of voluntary financial disclosur by Swiss listed companies [J]. the European Accounting Review, 1995, 261-280.

③ Simon S M Ho, Kar Shun Wong. A study of the relation between corporate governance structures andn the extent of voluntary disclosure [J]. Journal of International Accounting Auditing&Taxation, 2001（10）：139-156.

④ Chau, Gray. Ownership structure and corporate voluntary disclosure in HongKong and Singapore [J]. The International Journal of Accounting, 2002（37）：247-265.

⑤ 殷楓. 公司治理結構和自願性信息披露關係的實證研究 [J]. 審計與經濟研究, 2006（2）.

⑥ 婁權. 上市公司信息披露質量的影響因素——深圳股市面板數據的實證研究 [J]. 鄭州航空工業管理學院學報, 2006（4）.

4.1.4 政府相關行為與公司訊息透明度

企業是整個社會有機體中最重要、最基礎的細胞，市場經濟主要靠看不見的手——價格槓桿來調節，但現代市場經濟也非常強調看得見的手——政府宏觀調控的作用。處在宏觀環境中，企業必然要接受政府的干預與調節。一方面，政府通過各種法律法規對企業的經營行為進行規範，如《中華人民共和國憲法》《中華人民共和國公司法》《中華人民共和國民法》《中華人民共和國證券法》以及其他經濟法規。這些法規中，除了公司法、證券法、會計法等法律對企業的信息披露產生直接而重大的影響外，財政部、國資委、證監會等經濟管理部門頒布的部門法規，也對企業的信息披露造成重大的影響。另一方面，政府稅收部門還要憑藉行政權力，通過稅收形式參與企業的利益分配，這種分配占企業經營經濟增加值的一半以上，稅收是企業的一項成本，稅務部門徵收稅款也主要依靠企業提供的收益信息和財產行為信息，企業提供的收益信息質量的高低不僅直接影響國家稅收的數量，還會影響稅務部門徵收稅收的成本。事實上，不論如何掩飾，偷漏稅或者避稅都必然涉及信息披露過程中隱瞞收入與成本信息。只不過不同的企業，處於不同的階段，其對於納稅義務的履行會持有截然不同的態度。對於國有企業而言，從來都是需要合理處理國家、集體以及個人三者的利益關係，有一句俗話「交夠國家的、留足集體的、剩餘就是自己的」顯著反應了這種利益關係。由於稅金進入國家財政，企業利潤最終也屬於財政，兩個腰包都是國家的，所以國有企業偷漏稅金的主觀衝動並不強烈，即使偷漏稅金，也是因為要麼是企業財務狀況非常緊張，要麼是為了小集體的利益分配，但是這種行為后果的承擔者落到單位負責人的身上，吃虧在自己、收益歸集體，這種決策是任何一位理智的單位負責人所不願意做的。再加上國有大中型企業的領導人的亦官亦商，商而優則仕的用人選擇機制使得大多數的國有企業的領導人比較看重自己的政治生涯，因此信息披露的稅收動機對於國有企業並不明顯。對於民營企業而言，由於多交一部分給國家，自己的剩餘就要減少，是一個此消彼長的關係，再加上中國稅收負擔總體過重使得私營企業一般都有比較強烈的避稅動機。當然可能也有相反的情況出現，即該企業一段時期內經營狀況良好，有稅收上繳能力，又願意通過積極納稅改變企業政治環境或者追求政治進步，則可能不僅不避稅，甚至可能多繳納稅收以樹立良好形象。當然，企業的信息披露的稅收動機還受其他複雜因素的影響，比如上市公司如果某階段主要目標是到資本市場融資，財務信息虛估就成為信息披露的

主要影響方面而避稅動機就成為次要方面。

由於地方政府保護主義的存在以及關於評估的經濟指標方面的影響，「官出數字，數字出官」等現象的存在，使得企業特別是國有企業的信息披露不可避免地帶有「長官意志」的痕跡，企業信息披露的責任在管理層，管理層的任免取決於上級部門，在計劃經濟以及市場經濟初期存在的信息浮誇現象不可避免地影響企業信息披露的質量。上市公司不僅是地方政府財政收入的重要來源，更是解決就業問題的骨幹力量，上市公司既是從全國各地融得資金發展本地經濟的平臺，又是對外樹立本地經濟品牌的重要窗口。因此，在全國性的爭奪金融資源的過程中，「培育」上市公司，「包裝上市」即由此而來，在國有上市公司遇到諸如「保殼」等財政方面的困難時往往總是有地方政府解囊相助也不足意外，信息披露透明與否與他們沒有多少直接的關係，甚至還默許或提供幫助。

4.1.5 企業職工以及管理契約與公司訊息透明度

企業是一個由各種資源組成的利益聯合體，員工是人力資源的重要組成部分。根據平衡計分卡理論，企業業績的增長主要取決於財務、顧客滿意、流程優化重組、員工學習依次遞進的四個方面。可見，員工的學習與進步是企業取得業績進步的最終也是最基礎的決定因素。根據代理理論，企業內部也是由一系列代理鏈組成的，股東大會與董事會是第一層，董事會與經理層是第二層，經理層與部門經理、車間管理人員等是第三層，部門經理、車間管理人員與一般員工是第四層也是最后一層。討論公司治理時，一般我們將關注點主要放在治理層，對於第三、四層我們往往放在管理與執行的角度來進行討論。第三、四層的管理關係也存在一個代理關係。在這兩層中，主要採取權威性的命令來執行管理及各種工作任務的落實，流程與程序的管理比較注意剛性的特徵，收益分配與激勵上比較注重固定收益。這裡對於信息披露的影響比較值得注意的是部門經理層面。

對於部門經理的考核一般與部門業績掛勾，部門是業務發生與程序執行的具體地方，也是各種財務信息以及非財務的統計信息具體產生的地方，以部門信息為基礎的部門業績考核使得部門經理有動機也有能力作假，打個比方就是，企業是由一個一個作業鏈或者部門組成，不管是成本中心、利潤中心還是投資中心。部門同時是業務中心、考核的責任主體，還是信息的基礎發源地與採集地，部門經理有動機作假是因為上級要根據本部門提供的信息來考核他；他又有能力作假是因為不管信息是集中核算還是分散處理，也不管是人工處理數據還是信息集成系統搜集處理數據，

數據的基礎來源都是各個業務單位自身，因此業務中心有能力隱瞞信息。這種狀況在部門實行集權式管理，信息採集與處理人員（比如財務人員、統計人員、監督檢查人員、質量監測人員等）由總部統管的企業狀況可能要好一些，但也不可能完全杜絕。在業務多元化、業務分佈地域廣泛或者業務性質複雜、實行分權化的集團或組織內，「信息孤島」「信息阻塞」「信息隱瞞」等問題的存在使得組織內部考核及其信息的質量或者說信息透明度是值得具體考察的。單獨就會計信息而言，有管理會計信息與財務會計信息之劃分。管理會計信息主要面向內部決策所需，財務會計信息主要用於對外報告，二者主要都是來自於企業信息系統，但財務會計信息除了通過執行層「利益之網」的過濾外，還要經過企業治理層「利益之網」的再次過濾，雖然財務會計對外報告需要執行各種嚴格的規範並且要經過註冊會計師的審計，但是管理層與治理層「利益之網」對它的約束是非常重要的。

此外，信息的搜集、處理、傳輸、報告都要由相關的人來執行，信息從業人員的基本素質（包括業務素質、責任心、職業道德等）對於信息的質量具有非常重要的影響。在傳統的手工信息處理方式下，信息由業務產生，由相關的業務人員記錄相關的價值與非價值信息數據，然后通過紙質憑證或其他電子媒介傳遞給會計人員，會計人員先要對各種憑證或媒介傳輸的信息的真實性進行檢驗，判斷該業務是否涉及價值流動，根據會計處理程序進行會計處理，然后對內提供管理會計數據，對外提供財務報告數據。這裡信息質量的控制首先是業務發生源頭的信息控制，接著是會計人員的再控制。在信息集成的環境下，企業的各個系統都在信息平臺下實行集成化管理，數據一次錄入，集中存儲，集中處理，分散查詢與應用。所謂一次錄入是指業務信息包括其中包含的會計信息都是在業務發生時由業務發生部門一次性將相關數據錄入系統，形成系統的數據源，其他各部門包括會計部門直接使用這些數據生成相應的二次信息。因此，源數據的真實可靠性就非常重要，會計部門生成信息的質量受到業務部門輸入信息質量的根本約束。在手工系統下，會計人員可以通過原始憑證的形式和實質審核來控制原始憑證記錄業務的真實性，實現對原始憑證反應業務的再監督。在信息集成環境下，會計人員仍然可以通過網路系統本身設置的控制功能實施適時的監督與審核，這種審核與監督增強了及時性，但可能更加注重形式上的審核而非實質上的審核。同時這還要執行信息控制、生成，與加工相關的人員不僅要懂會計、審計，還必須要懂業務知識。在信息集成環境下，影響會計信息的人員更多，分佈更廣，對最終提供的會計信息

產品的信息質量的影響則更為複雜。

業務人員和部門經理層次影響會計信息質量不乏現實的例子。某上市公司因為信息披露中遺漏重大對外擔保而受到上海證券交易所的公開譴責，上市公司補充公告後的道歉聲明書中解釋是因為子公司對外提供重大擔保沒有向公司董事會報告，而子公司的解釋是不知道該事項應該向母公司董事會報告。由此至少說明公司內部在信息傳遞的過程中出現的梗阻，至於究竟是治理層面出問題后的託詞，還是由具體操作人員的業務素質引起，具體原因不得而知。不過據筆者自身的觀察，不管是上市公司還是非上市公司，都有不少業務在會計處理方面的差錯是因為會計從業人員對相關準則與制度理解有誤而導致。

關於從業人員的素質與企業會計信息透明度的關係，有一點似乎是顯而易見的，即公司規模越大，會計從業人員越多，效益越好，會計人員的業務素質越高。公司規模大，管理就越規範，越容易受到政府的關注並且愈加注意自己的社會形象。會計人員越多，會計工作分工就越細，內部控制可能就越嚴密，會計人員相互學習交流的機會就越多，越容易相互促進。公司越大、效益越好，則會計人員參加后續教育培訓的機會就越多，業務水平就越容易得到提高。

4.1.6 仲介機構行為與公司訊息透明度

證券市場上的仲介機構主要是指圍繞公司證券公開發行、上市交易、利潤分配等行為服務的一系列市場化的法人機構，包括證券公司、會計師事務所、律師事務所等。關於仲介機構與上市公司信息披露的關係，國內外都有一系列相關實證研究文獻。證券公司的投資銀行工作主要是對擬上市的公司進行上市輔導，使上市公司的各種條件達到滿足上市的各種要求，國內俗稱「上市包裝」。如果把上市公司比作演員，那麼證券公司無疑就是演員經紀公司。證券公司與上市公司是最大的利益共同體，從公司上市的發行收入中獲取自己的收入來源，雇主的股票能夠賣上一個好價錢是證券公司能夠獲得好分成以及累積行業聲譽的最好渠道，因此不能寄厚望於證券公司能夠主動監督上市公司的信息披露。註冊會計師被譽為經濟領域的警察，資本市場的守夜人。會計師最主要的職能是對企業的會計信息進行鑒證，以對公司提供報表是否遵循公認會計原則提供合理的保證。上市公司的股票是一種商品，而這種商品定價的信息來源於公司對外提供的信息，證券定價的信息大部分由公司對外提供，這種信息能否合理、公允、一致地反應公司的財務狀況與經營成果需要由獨立的第三方即註冊會

計師來鑒證。無論執行水平如何，獨立性是註冊會計師職業的靈魂。在國內外，有兩種制度安排影響會計師行業的獨立性：一是佣金由被審計者承擔並且數量由雙方談判而定，二是註冊會計師從事法定審計業務的同時還提供管理諮詢等非法定的增值業務。兩項制度安排影響了會計師事務所從事法定鑒證業務時與客戶的博弈能力。要提高註冊會計師對客戶說「不」的能力，必須提高註冊會計師的獨立性。一是規範行業業務收費的剛性，防止業務上的惡性競爭以降低審計質量；二是嚴格限制會計師事務所針對同一客戶同時提供審計等鑒證業務與管理諮詢等非審計業務；三是發揮會計師事務所的聲譽激勵效應；四是加大對違法違規會計師事務所的懲罰機制，使會計師事務所的違法違規成本大於其違法所得。當然，審計與企業信息透明度的關係可以從審計報告是不是標準意見來得出一定的信息，也可以由審計報告是不是由執業聲譽較好的會計師事務所出具來判斷。註冊會計師審計質量與公司會計信息質量之間的關係在國內有許多實證研究文獻。

何紅渠等（2003）[①] 以滬市製造業156家被出示非標準審計意見的上市公司為樣本研究審計意見與盈餘管理的關係，發現審計意見類型與盈餘管理絕對水平顯著正相關。夏立軍等學者（2002）[②] 以上市公司2000年度財務報告為研究對象，對上市公司審計意見和監管政策誘導性盈餘管理的關係進行了實證研究，研究結果表明，從整體上看，註冊會計師並沒有揭示出上市公司的這種盈餘管理行為。

李東平等（2001）[③] 選定2000年34家變更審計師的上市公司以及34家控制樣本公司進行研究，發現審計意見和盈餘管理指標（應收帳款變化率、存貨變化率和非核心收益率）之間並無顯著關係；徐浩萍（2004）[④] 則選取了1998—2001年在上海證券交易所上市的1,448家公司，通過不同組別之間的t檢驗，發現審計師對盈餘管理具有一定鑑別能力。

李維安（2004）[⑤] 以非經營性利潤占總利潤的比例作為盈餘管理的替

[①] 何紅渠.有關審計意見識別盈餘管理能力的研究——來自滬市製造業的經驗證據［J］.財務理論與實踐，2003（6）.
[②] 夏立軍.從審計意見看審計質量——上市公司2000年度財務報告審計意見實證分析［J］.中國註冊會計師，2002（10）.
[③] 李東平.「不清潔」審計意見、盈餘管理與會計師事務所變更［J］.會計研究，2001（6）.
[④] 徐浩萍.會計盈餘管理與獨立審計質量［J］.會計研究，2004（1）.
[⑤] 李維安.盈餘管理與審計意見關係的實證研究——基於非經營性收益的分析［J］.財經研究，2004（11）.

代變量，選取1998—2001年上市公司共3,009個觀測點作為樣本，研究上市公司盈餘管理水平與註冊會計師審計意見的關係，在控制其他變量對審計意見影響的情況下，研究發現：盈餘管理越高的公司，收到非標準審計意見的可能性越大。但是通過進一步對非標意見進行的歸類分析，發現公司盈餘管理行為僅僅會增加收到「帶說明段無保留意見」的可能性，而對其他類型非標意見的出具則無顯著影響。

史富蓮等（2006）[①]通過對2004年上市公司ROE的分佈情況及獲得標準審計意見比例進行分析，發現上市公司普遍存在盈餘管理現象，具體分為「6%」現象和「0%」現象。對於「0%」現象，註冊會計師表現出了較高的謹慎態度，能夠識別出上市公司的盈餘管理行為，獲得標準審計意見的公司比例較低。而對於「6%」現象，註冊會計師並沒有表現出應有的職業謹慎，沒有識別或有意迴避上市公司的盈餘管理行為，執業質量有待提高。

趙英林（2006）[②]等採用2004年在滬市上市的、被出具非標準審計意見的A股為研究樣本，研究盈餘管理的大小、性質、方向與註冊會計師審計意見的關係，研究發現：中國註冊會計師在一定程度上可以檢驗出上市公司的盈餘管理行為，而且只能是一定程度上；註冊會計師可以較好地鑒定操縱性非經營性應計利潤，而不能較好地鑒定操縱性經營性應計利潤；註冊會計師對正向盈餘管理比對負向盈餘管理更為敏感。

在盈餘管理、審計意見、註冊會計師事務所更換的關係研究中，李東平等（2001年）[③]的研究指出：會計師事務所變更與上一年出具「不清潔」審計意見變量呈正相關關係，而公司盈餘管理導致的潛在的訴訟風險卻沒有引起註冊會計師的足夠重視。陳武朝、張泓（2004年）[④]的研究發現，盈餘管理與審計師變更存在一定的相關性，雖然前任審計師在其最後一年聘期內採取了比其他審計師更為穩健的會計處理方法，以致被公司變更；但新任審計師在第一年並未完全配合公司，可操控性應計利潤仍然顯著為負且其幅度並未顯著降低，這在一定程度上表明，公司變更審計師並未達到預期的目的；前任審計師、后任審計師的獨立性均很強。劉偉、劉

[①] 史富蓮. 盈餘管理與審計意見相關性研究［J］. 會計之友（下），2006（9）.
[②] 趙英林. 中國上市公司盈餘管理的審計質量實證分析［J］. 山東經濟，2006（6）.
[③] 李東平.「不清潔」審計意見、盈餘管理與會計師事務所變更［J］. 會計研究，2001（6）.
[④] 陳武朝. 盈餘管理審計師變更與審計師獨立性［J］. 會計研究，2004（8）.

星（2006 年）[①] 通過對 2001—2003 年 A 股上市公司的分析檢驗了審計師變更與公司盈餘管理的關係，結果發現：審計師變更與公司可操縱應計利潤的增長顯著正相關，且在不同年度、不同審計意見類型下，情況有所不同。這表明：一方面，公司通過更換審計師能夠實現其盈餘管理目標，即審計師變更影響到后任審計師的獨立性；另一方面，隨著監管政策的逐漸強化，后任審計師的獨立性逐年提高。此外，對前期被出示非標準審計意見的公司，審計師採取了較為謹慎的做法。

4.1.7 政府監管行為與公司訊息透明度

4.1.7.1 政府監管行為的理論依據

(1) 政府監管行為的經濟學理論

20 世紀經濟學界凱恩斯革命引發了政府對於經濟宏觀調控的熱潮，市場失靈是引入政府宏觀調控與干預的前置條件。圍繞市場是否失靈、是否需要政府宏觀調控與監管，經濟學界出現了長久的爭議。早期信奉市場失靈並支持政府監管的理論觀點主要有「市場失靈理論」「公共品理論」「外部性理論」等。「市場失靈-政府干預-監管」成為這些理論的思維定式，經濟學家對於要不要監管的爭議，主要不是集中在是否失靈就需要政府干預的問題上，而是主要集中在市場是否失靈以及失靈的對策上。比較后期的支持性理論，主要有以斯蒂格利茨為代表的「不完全合約與信息不對稱理論」，泰勒爾等人基於「搭便車」問題提出的「代表理論」與施萊弗等人基於「上訴成本和信息」等問題提出的「代表理論」，以及許成鋼和皮斯托創建的「法律不完備理論」等。

斯蒂格利茨等信息經濟學家認為信息的不完全性與非對稱性普遍存在於各類市場中，因而市場失靈的情況普遍存在，市場失靈會帶來各種各樣的問題和社會福利的巨大損失，與這一損失的程度相比，監管帶來的成本是可以忍受的。泰勒爾的「搭便車」理論的中心論點就是，監督是一種稀缺資源與公共資源，具有正的外部性，在金融市場中由於中小投資者眾多且高度分散，每一個中小投資者由於監督的私人邊際成本與邊際收益不相匹配，由此導致的「搭便車」行為使得對於經營者的私人監督嚴重缺乏，引入政府監管可以有效解決「搭便車」行為。施萊弗等人的「上訴成本和信息」觀點認為：在沒有監管者的情形下，保護私人經濟利益的法律執行

[①] 劉偉. 審計師變更與盈餘管理關係的實證研究——來自中國 A 股市場的經驗證據 [J]. 財務理論與實踐, 2006 (1).

需要依靠法庭，而法庭的判決依賴於私人上訴，在中小投資者高度分散的情況下，私人訴訟收益有限而成本很高，私人訴訟動力不足會導致「搭便車」行為再次出現；此外，由於每個受損人擁有的信息與訴訟得益各不相同，集體協調與集體訴訟的成本很高，而引入監管就可以解決私人上訴不足和上訴成本高昂的問題，監管者為代表的集體訴訟會節省訴訟成本，而且法律還可以授權監管者對某些類型的損害行為進行直接處罰。許成鋼和皮斯托創建的「法律不完備理論」從市場經濟所需要的制度結構出發，為監管提供了一個較為系統而新穎的解釋視角與框架。他們認為：市場經濟的運行需要法律規制，但由於有限理性以及法律剛性等原因，法律規制的設計是無法做到完善的，因此不可能達到像貝克、施蒂格勒設計的關於通過法律完備設計獲得最優阻嚇的效果。現實中的法律設計往往不是最優的，結果是，法律設計要麼阻嚇不足，要麼阻嚇過度，而政府監管的引入正是為了彌補法律不能達到最優設計的缺陷，以及單純依靠法庭可能造成的執法不足問題。

與此相反，也有諸多理論否認市場會失靈或者反對政府監管，主要代表性觀點有「市場效率理論」「最優阻嚇理論」「尋租理論」等。以芝加哥學派為代表的市場學派堅信市場具有強大的效率，基本不同意市場會失靈，他們認為，即使市場有不完善的地方也可以用法律制度去修補，而不需要政府的直接干預與監管。科斯的社會成本理論以及貝克的法律最優阻嚇理論都不支持監管的作用。芝加哥學派的施蒂格勒認為監管的引入歸結為利益集團的需要而非對市場失靈的回應，並進一步從監管的成本－效益角度對證券市場引入監管的必要性進行否定。公共選擇學派的「尋租理論」也從政府「經濟人假設」的角度對於政府「監管失靈」做了充分的論證。

（2）不成熟的中國證券信息披露需要加強政府監管

證券市場買賣的證券是一種虛擬產權與特殊商品，證券的定價決定於證券的內在價值並受市場供求關係及其他因素的影響，證券的內在價值取決於公司預期未來現金流的折現值，影響證券內在價值的因素繁多。證券市場本質上就是一個信息市場，作為這些信息的生產者的上市公司是一個壟斷性的信息提供者。雖然證券市場存在各種誘導上市公司信息披露的促進機制，但由於中國股權分置狀況下大股東與經營者雙重控制的特殊利益機制，使得控股股東以及上市公司管理層更多地存在信息隱瞞、虛假信息或者選擇性信息披露從而掠奪中小投資者與債權人利益。中國證券市場極為缺乏信息透明度，主要體現為大股東在一級市場披露虛假信息以謀取上

市與增發配股資格並抬高發行價格，在二級市場親自或與莊家配合操縱市場以謀利，在上市公司內部以各種關聯交易或者隱性關聯交易轉移上市公司資產從而侵占中小股東利益。由於中國資本市場尚處於非有效性的初級階段，缺乏成熟資本市場上的各種自動保護中小投資者的公司治理內部和外部機制，信息不對稱造成的市場失靈普遍存在，導致廣大中小投資者損失慘重，「銀廣廈案件」「德隆案件」以及「藍田事件」等就是這方面的典型代表。規範資本市場，避免資本市場的「檸檬化」與「邊緣化」，引入政府監管勢在必行。此外，在中國目前的資本市場上，保護中小投資者的法律不完備性最為突出，由於市場的專業化水平很高以及金融制度及技術變化迅速，立法機關難以將法律設計成最優。在執法方面，法庭局限於金融市場專業知識的不足，也很難彌補法律的空白，此外，法庭執法的被動性及事後性使其對證券市場的違法行為懲處不夠。這種情況下就很有必要引入監管者，將立法權和執法權從立法者和法庭擴散到由高度專業化人士組成的監管機構，以期不斷地、合理地完備法律，同時克服法庭被動執法產生的執法效力不足的問題。

4.1.7.2 中國證券市場信息披露政府監管的實際狀況

總體說來，中國證券市場自成立以來，信息披露的監管取得了很大的成績。財政部門分管信息披露部分的財務信息內容的確認與計量規則、管理註冊會計師的職業資格並監督事務所的執業狀況，證監會分管上市公司、各種證券從業機構的信息披露內容與格式的分工合作的良好格局得以建立。借鑑國際資本市場上的信息披露監管經驗，信息披露的各種規則不斷走向完善並向國際慣例趨同，定期與臨時信息披露無論從格式、內容、及時性、真實完整性方面都得到很大提高，針對虛假信息披露、信息操縱等信息披露違法違規行為的處理力度正在不斷加強，信息披露的市場有效性不斷得到提高，從而提高了證券市場配置資源的效率。但是由於各種原因還存在諸多問題，主要體現在以下方面。

（1）被監管主體的一次博弈問題

由於股權分置狀況下中國上市公司的特殊的大股東與管理層雙重內部控制結構的治理結構的失衡，使得大股東與管理層有動力與能力謀取控制權的私人收益，加上公司外部治理機制中的公司控制權市場接管機制的不健全以及法律懲罰機制與監管發現機制的不到位，造成的造假收益遠遠大於造假成本，使得上市公司及其控股股東在通過經營努力不能增進自身財富的情況下，採用「撈一把就跑」的機會主義行為，上市公司與監管部門在監管與被監管的過程中不能有效建立重複博弈的「聲譽機制」，因此不

能通過重複動態博弈達到信息披露的帕累托最優。

(2) 監管部門的監管能力與「俘虜」問題

中國的證券監管部門分為兩個層次：一是證監會及其派出機構，二是兩個證券交易所。兩層結構在信息披露的監管過程中是分工與合作的關係，其中證券交易所對上市公司的信息披露負一線監管責任，通過建立一套完整的監控指標，審核上市公司的定期報告與臨時報告是否按照相關的準則與制度要求編製，對於不符合要求的信息披露，通過監管函、詢問函等方式督促上市公司加以更正，對於不按時披露各種信息以及虛假披露各種信息的上市公司給予通報批評、公開譴責、股票停牌及至通報證監會處理等方式進行處罰，證券交易所的信息披露監管具有及時性、動態性的特點；證監會的派出機構主要進行上市公司的屬地化監管，證管辦的監管特點主要是實行分類監管，即針對上市公司違規風險度的大小實施重點監管與一般監管相結合的原則，監管的手段主要有巡迴檢查、重點檢查、專項檢查相結合的特點，檢查內容主要有公司的治理狀況及運作、公司的信息披露合規性以及財務會計處理的合規性等方面，並根據檢查結果的性質與嚴重程度實施相應的處罰，主要有限期整改、立案稽查、通報批評、警告、罰款等處罰措施；證監會則主要根據前兩者的監管結果、自身發現的問題以及其他公眾媒體及個人舉報的問題進行進一步的監管或者實施總控制，其處罰手段有通報批評、警告、罰款、證券市場禁入等，與證交所的處罰相比，證監會的處罰權威性更強，威脅度更大，但也存在調查時滯較長、處罰力度較小等缺點。

與國外證監會如美國證監會相比，中國證監會的監管能力還存在諸多缺陷。例如，美國 SEC 有公眾公司會計準則的法定制定權，有一定程度的針對上市公司信息披露違法違規行為的司法調查權力，人員配備充實且監管經驗豐富，這使得美國 SEC 的監管效率很高。而中國的證券監管部門及其派出機構受政府政策以及財政、金融等部門的制約，監管的獨立性有待提高。此外，監管「失靈」與「俘虜」在中國的證券監管部門也不可避免地存在，受前述宏觀因素以及人員配備、監管經驗、被監管主體舞弊方式的創新加快且手段隱蔽等的綜合影響，監管部門對於上市公司信息披露違法舞弊現象披露的概率與及時性等方面都存在「失靈」現象，這從中國證券市場上多次大的信息披露違法現象都是由公眾媒體以及個人發現得到證明。由於各級地方政府對於資本市場進入權的競爭，證監會各級派出機構雖然編製上受證監會直接領導但不可避免地會受到各級地方政府與個人的「尋租」侵蝕，這樣的狀況並非僅有王小石等個案。

(3) 由於中國行政部門權力與利益分割造成信息披露的監管真空

隨著上市公司經濟業務的發展與資本市場的併購重組，帶來上市公司業務的多元化、組織結構的集團化、公司註冊與經營地址的異地化，給證券監管的屬地化方式帶來了新的問題；加上信息披露違法違規的方式多種多樣，調查監管需要的證據往往會涉及工商、財稅、銀行金融機構等，各部門利益的不兼容與信息阻隔使得這種調查變得愈加困難。因此，建立跨部門的綜合協調與信息共享機制是刻不容緩的監管要求。

4.1.7.3 關於政府信息披露監管有效性的實證證據

目前，關於中國證券監管的有效性的實證證據並不多見。謝志華、崔學剛（2005）[①]的研究採用了融合強制披露信息與自願披露信息在內的信息披露指數作為衡量信息披露水平的指標，研究了決定上市公司信息披露水平高低的因素，實證結果支持了公司規模假設、上市地點假設與股權結構與信息披露水平正相關的假設。在考慮年度時間效應后，公司規模假設與上市地點假設仍然成立。樣本年度信息披露法規的變化大大促進了上市公司信息披露水平的提高，說明信息管制力量推動了公司自願信息披露水平。上市地點、現金股利狀況與債務槓桿連同信息管制是公司自願信息披露的主要因素。

深交所的研究報告《信息披露違規處罰實際效果研究》（毛志榮，2002）以1993—2001年上市公司信息披露違規處罰為樣本，研究了違規的類型、處罰的違規成本、處罰的市場效應。研究結果表明：從再處罰角度看，在受到信息披露違規處罰的上市公司中，對信息披露違規的處罰沒有起到增加違規成本、防止再犯的效果。尤其是以內部批評為主的處罰方式，未能足夠地增加上市公司的信息披露違規成本。受到內部批評的違規公司沒有因受到處罰而減少違規，顯示了信息披露違規處罰的總體威懾性並不很強。相對而言，中國證監會對極少數性質嚴重的違規行為的處罰，效果明顯。事件分析結果表明，市場對上市公司信息披露違規處罰的反應程度（股價下跌）與處罰的公開性和處罰力度存在正相關關係：處罰的公開性越高、力度越大，市場的反應越強烈；以交易所內部批評為主的上市公司信息披露處罰方式沒有對上市公司產生足夠的威懾；違規公司的股價在處罰前後無顯著差異；以內部批評為主的處罰手段，對公司的再融資能力和機會影響很小。

---

① 謝志華. 信息披露水平：市場推動與政府監管——基於中國上市公司數據的研究 [J]. 審計研究，2005（4）.

4.2 訊息披露質量影響因素的實證研究

4.2.1 訊息披露質量影響因素的實證綜述

4.2.1.1 國外相關實證文獻綜述

Forker（1992）[1] 以美國上市公司為例，研究了公司治理結構特徵與自願性信息披露的關係，發現董事會中獨立董事的比例和審計委員會的存在與股票期權信息披露程度呈正相關關係，而董事長兼任總經理的公司，其股票期權信息披露程度較低。

Craswell 和 Taylor（1992）[2] 對澳大利亞石油和天然氣公司自願披露準備金信息的研究表明，所有權和控制權分離的公司，其自願披露準備金信息的程度較高。

McKinnon 和 Dalimunthe（1993）[3] 檢驗了澳大利亞多元化經營的上市公司自願披露分部信息的經濟動機，發現所有權分散的程度是影響公司自願披露分部信息的因素之一。

Hossain 和 Adams（1994）[4] 通過對吉隆坡股票市場上市公司自願性信息披露的研究，發現所有權集中度與自願性信息披露程度呈負相關關係。

Meek、Clare 和 Sidney（1995）[5] 的相關實證研究顯示：公司規模、國家、區域、掛牌情況及產業是影響公司自願性信息披露的重要因子，其中產業的解釋能力最強。

---

[1] Forker J. Corporate governance and disclosure quality [J]. Accounting and Business Research, 1992（22）：111-124.

[2] Craswell A, Taylor S. Discretionary disclosure of reserves by oil and gas companies: an economic analysis [J]. Journal of Business Finance and Accounting, 1992（19）：295-308.

[3] McKinnon Jill L, Dalimunthe L. Voluntary disclosure of segment information by Australian diversified companies [J]. Accounting and Finance, 1993, 33-50.

[4] Hossain M, Tan LM, Adams M. Voluntary disclosure in anemerging capital market [J]. International Journal of Accounting, 1994（29）：334351.

[5] Meek Gary K, Clare B Roberts, Sidney J Gray. Factor Influencing Voluntary Annual Report Disclosure By U. S., U. K. and Continental European [J]. Journal of International Business Studies, Third Quarter, 1995, 555-572.

Raffournier（1995）[①] 對瑞士上市公司自願披露財務信息的決定因素的研究表明，所有權分散度與自願性信息披露程度呈負相關關係。

　　Ciccone（2000）[②] 則考慮了國家特性，發現包括低通貨膨脹、高國民生產毛額增長率、非銀行及家族主導股權結構和高會計準則披露標準等國家的企業具有較高的透明度，企業特性中，公司規模、本益比等具有解釋能力，但公司規模比國家特性更具解釋能力。

　　Simon 和 Kar（2001）[③] 研究了中國香港上市公司董事會中獨立董事比例、審計委員會是否存在、董事長是否兼任總經理以及董事會中家族成員比例這四個公司治理因素與自願性信息披露程度之間的關係。結論表明，存在審計委員會的公司其自願性信息披露程度較高，董事會中家族成員比例越高的公司，其自願性信息披露程度就越低。

　　Chau 和 Gray（2002）[④] 研究了中國香港、新加坡上市公司所有權結構和自願性信息披露之間的關係，結論顯示，外部所有權結構的比例與自願性信息披露程度呈現正相關關係。同時，在「內部人控制」或家族控制的公司中，自願性信息披露會更少一些。

　　Fan 和 Wong（2002）[⑤] 觀察發現，東亞國家特有的集中型資本結構，與西方國家分散型資本結構大不相同，西方國家的代理問題存在於外部投資人與擁有極少數股權的管理者間，然而東亞國家則發生於控制權所有股東與小股東之間。集中股權、金字塔型及交叉持股等所有權集中結構形態使控制權所有者與外部投資人間更容易產生代理衝突，當控制權與所有權分歧越大時，公司報導盈餘包含的信息將越少。

　　Gerald 和 Zhon（2001）認為公司披露程度及盈餘管理都是基於管理者所決定的，當管理者下決定時，將考慮到二者相互間產生的影響。當管理者希望獲得較為彈性的盈餘管理而決定信息披露的程度或因為管理者的盈餘管理能力所以選擇了較不透明的披露水準時，會發現控制了其他變數如

　　[①] Raffournier B. The determinants of voluntary financial disclosure by Swiss listed companies [J]. the European Accounting Review, 1995, 261-280.

　　[②] Ciccone S J. Two Essays on Finance Transparency [D]. unpublished Ph. D., 2000.

　　[③] Simon SMHo, Kar Shun Wong. A study of the relation between corporate governance structures and the extent of voluntary disclosure [J]. Journal of International Accounting Auditing & Taxation, 2001 (10): 139-156.

　　[④] Chau, Gray. Ownership structure and corporate voluntary disclosure in HongKong and Singapore [J]. The International Journal of Accounting, 2002 (37): 247-265.

　　[⑤] Fan Joseph P H, T J Wong. Corporate Ownership Structure and the Informativeness of Accounting Earnings in East Asia [J]. Journal of Accounting & Economics, 2002, 33: 401-425.

規模、槓桿度、產業等擾亂因子后，公司披露程度的確與盈餘管理間存在顯著的負向關係，披露程度低的公司傾向致力於盈餘管理，而公司財務報告出現較多盈餘管理將導致低的信息透明度評等。

Coulton、Clayton 和 Stephen（2001）[1] 則發現 CEO 紅利披露程度與其所獲得紅利多寡成反比，以澳洲公司在面對 1998 年 7 月有關 CEO 紅利披露事項為例進行研究，公司有關規定改變后，CEO 所獲得的紅利越多，則公司越不願意披露相關信息，表示股東與管理者間存在著利益衝突。進行該研究時，他們同時考慮了公司治理及股權結構對信息披露程度的影響，公司治理相關變量包含董事會成員、外部董事之比例、公司 CEO 與董事長是否相同、會計師是否為國外四大所員工、是否有審計委員會、是否有薪資委員會等，而股權結構因子包括擁有 5%以上股權之外部股東人數及內部股東之原始持有股數。實證結果表明，所有權結構及公司治理的改善並不能加強公司針對 CEO 紅利的披露。

國外相關實證研究表明，信息披露的影響因素主要有：①股權結構。家族制企業控股程度越高，信息披露透明度越低；非家族制企業，則是控股程度越高，信息披露越透明。②治理結構。董事長與總經理兩職合一，則透明度低；管理層紅利越多，信息透明度越低。③盈餘管理空間。管理層需要的盈餘管理空間越大，信息透明度越低。④其他變量。公司規模、行業特性、公司收益、財務槓桿度、是否設立審計委員會等也具有較強的解釋能力。總的說來，類似研究的著力點主要是在控制一系列變量的基礎上，探討信息披露質量與公司內部治理結構的關係。

4.2.1.2 國內的相關研究

王咏梅（2003）[2] 的研究發現，上市公司自願信息披露水平與股權分散程度正相關。

李豫湘等（2004）[3] 研究發現，上市公司自願信息披露與第一大股東持股比例呈 U 型關係。

李遠勤等[4]（2006）以深市國有上市公司為例，從股權集中度、機構

---

[1] Coulton Jeff, Clayton James, Stephen Taylor. The Effect of Compensation Design and Corporate Governance on the Transparency of CEO Compensation Disclosures [J]. Working Paper, SSRN, 2001.

[2] 王咏梅. 上市公司財務信息自願披露指數實證研究 [J]. 證券市場導報, 2003 (9).

[3] 李豫湘. 中國公司治理與自願信息披露的實證分析 [J]. 重慶大學學報（自然科學版），2004 (12).

[4] 李遠勤. 股權結構與自願性信息披露——來自深市國有上市公司的經驗證據 [J]. 統計與決策, 2006 (4).

投資者持股情況、高管層持股情況等不同角度分析了上市公司股權結構與自願披露水平之間的關係，發現國有上市公司的自願披露水平與機構投資者持股比例和高管持股比例顯著正相關，股權集中度不影響自願披露水平。另外，公司規模、流動資產率以及財務槓桿均對自願披露水平有顯著影響。

殷楓（2006）[①] 以2002年169家上市公司為樣本，研究公司治理結構與上市公司信息披露的關係。研究發現：董事長不兼任總經理的公司，其自願性信息披露程度就比較高，而董事中獨立非執行董事的比例、監事會人數、審計委員會公司治理因素並沒有對自願性信息披露程度產生影響。

王惠芳[②]（2006）對經營計劃自願披露影響因素的實證檢驗結果表明，公司盈利能力、披露時間與公司自願披露水平正相關，即盈利能力越強、披露時間越早的公司，自願披露水平越高。而公司規模、股權集中度、產品市場競爭度這三個因素對公司自願披露水平的影響則不顯著。

範小雯（2006）[③] 以2004年176家上市公司為樣本研究自願信息披露的影響因素，研究發現：自願信息披露與公司規模、外資股權、當期盈利水平正相關，而與財務槓桿水平、審計費用水平的關係不顯著。

婁權（2006）[④] 以深圳股票市場2001—2004年4年共1,958家上市公司的面板數據為研究樣本，運用實證分析的方法，檢驗上市公司信息披露質量的影響因素。實證結果顯示：信息披露質量與第一大股東持股比例、資產規模、淨資產收益率以及審計意見正相關，而與資產負債率負相關；設立審計委員會的公司的信息披露質量較高。

李耀松等（2006）[⑤] 以東北上市公司為樣本進行研究，發現上市公司信息披露質量與股權集中以及是否有外資股正相關。

[①] 殷楓.公司治理結構和自願性信息披露關係的實證研究［J］.審計與經濟研究，2006（2）.

[②] 王惠芳.上市公司年度報告自願性信息披露實證研究——來自524家深市上市公司的證據［J］.華東經濟管理，2006（2）.

[③] 範小雯.上市公司自願性信息披露影響因素研究［J］.證券市場導報，2006（4）.

[④] 婁權.上市公司信息披露質量的影響因素——深圳股市面板數據的實證研究［J］.鄭州航空工業管理學院學報，2006（4）.

[⑤] 李耀松.東北上市公司會計信息披露質量的治理因素分析［J］.科技與管理，2006（4）.

4.3 實證模型設計

4.3.1 研究方法、研究假設及數據來源

4.3.1.1 研究方法

本書擬採用多元迴歸分析的方法,在控制一系列變量的基礎上,研究信息披露的影響因素。

4.3.1.2 研究假設

國內的研究結果表明,上市公司信息披露水平由以下因素決定,但研究結論有相互矛盾之處:①股權結構。股權越分散,自願信息披露水平越高;機構投資者、管理者持股比例越高,自願信息披露水平越高;有外資股的企業信息披露水平越高。②公司治理水平。兩職合一對信息披露有不利影響;設立審計委員會的公司信息披露水平較高。③盈利能力。盈利能力越強,信息披露水平越高。④與資產規模正相關,與財務槓桿水平負相關。此外,信息披露質量還受審計意見類型、公司上市地點、公司所處行業、法律法規改進狀況等因素的影響。

本書研究擬增加現金流量權與控制權的分離度、獨立董事占董事會人員的比例等解釋變量。

根據實證文獻綜述與本書關於利益相關者行為對於信息披露質量的解釋,提出如下研究假設:

假設1:大股東持股比例越高,信息透明度越低,變量X1。

假設2:一股獨大不利於信息質量提高,但多股同大有利於提高信息披露透明度,變量X2,取前十大股東的赫芬達爾指數。

假設3:有外資股的企業信息披露水平高,啞變量X3,有外資股取1,無取0。

假設4:高管持股比例越高,信息披露水平越低,變量X4。

假設5:現金流量權占控制權的比例越高,信息越透明,變量X5。

假設6:董事長兩職合一不利於信息透明度的提高,啞變量X6,沒有合一取1,有取0。

假設7:董事會中獨立董事比例越高,披露水平越高,變量X7。

假設8:上市公司業績越好,信息披露水平越高,變量X8。

控制變量：公司規模（變量 X9），取公司總資產的自然對數；財務槓桿（變量 X10）。

4.3.1.3 研究數據樣本及數據來源

本書的研究樣本繼續採用第二章信息披露質量評價所用樣本，並以信息披露質量的評價結果數據作為被解釋變量，研究其與上述假設中變量的相關關係，樣本上述假設變量與控制變量的數據來自於 Wind 數據庫。

4.3.2 實證結論與分析

將樣本數據通過 Eviews 軟件進行多元迴歸分析。結果如表 4-1 所示。

4 信息披露質量的影響因素分析

表 4-1 解釋變量的自相關係數協方差矩陣

	X1	X2	X3	X4	X5	X6	X7	X8	X9	X10
X1	1	0.968,365,154,1	-0.148,663,393	0.100,941,350,2	-0.165,040,251	0.154,468,791,8	0.100,537,334,1	0.258,125,667,4	0.155,647,430,4	0.021,026,181,6
X2	0.968,365,154,1	1	-0.048,528,053	0.063,951,705,4	-0.099,532,304	0.128,654,929,2	0.084,065,393,6	0.272,786,874,2	0.158,330,531,8	-0.027,813,084
X3	-0.148,663,393	-0.048,528,053	1	-0.041,690,881	0.487,236,636,6	-0.162,430,753	-0.010,184,569	0.156,912,807,0	0.318,299,732,9	-0.054,326,902
X4	0.100,941,350,2	0.063,951,705,4	-0.041,690,881	1	-0.020,446,119	0.005,938,193,7	0.017,780,260,4	0.015,312,111,8	0.010,950,368,3	-0.061,801,738
X5	-0.165,040,251	-0.099,532,304	0.487,236,636,6	-0.020,446,119	1	0.035,252,765,4	-0.014,111,466	0.052,074,423,1	0.035,508,437,4	-0.033,959,045
X6	0.154,468,791,8	0.128,654,929,2	-0.162,430,753	0.005,938,193,7	0.035,252,765,4	1	-0.113,781,746	0.066,712,136,8	0.000,207,494,1	0.092,176,859,7
X7	0.100,537,334,1	0.084,065,393,6	-0.010,184,569	0.017,780,260,4	-0.014,111,466	-0.113,781,746	1	0.046,909,431,7	0.109,033,325,6	-0.093,503,780
X8	0.258,125,667,4	0.272,786,874,2	0.156,912,807,0	0.015,312,111,8	0.052,074,423,1	0.066,712,136,8	0.046,909,431,7	1	0.243,564,137,3	-0.022,542,236
X9	0.155,647,430,4	0.158,330,531,8	0.318,299,732,9	0.010,950,368,3	0.035,508,437,4	0.000,207,494,1	0.109,033,325,6	0.243,564,137,3	1	0.073,625,272,7
X10	0.021,026,181,6	-0.027,813,084	-0.054,326,902	-0.061,801,738	-0.033,959,045	0.092,176,859,7	-0.093,503,780	-0.022,542,236	0.073,625,272,7	1

從樣本自變量之間的自相關係數矩陣來看，除變量 X1 與 X2 之間相關係數較大外，自變量之間的相關係數都較小，基本不存在自變量的多重共線性影響。因變量信息披露系數與各自變量之間的多元線性迴歸結果如表 4-2 所示。

表 4-2　　　信息披露質量影響因素多元迴歸分析結果

Variable	Coefficient	Std. Error	t-Statistic	Prob.
C	0.104,142	0.197,029	0.528,564	0.598,5
X1	0.295,949	0.202,298	1.462,934	0.147,1
X2	-0.306,552	0.233,879	-1.310,726	0.193,4
X3	0.086,866	0.051,861	1.674,986	0.097,5
X4	-28.265,05	18.476,84	-1.529,755	0.129,7
X5	0.000,307	0.001,227	0.249,942	0.803,2
X6	0.059,859	0.033,610	1.780,987	0.078,4
X7	0.156,068	0.150,762	1.035,195	0.303,4
X8	0.001,254	0.000,633	1.981,189	0.050,7
X9	0.016,224	0.009,357	1.733,910	0.086,5
X10	-0.009,375	0.006,260	-1.497,663	0.137,8
R-squared	0.251,066	Mean dependent var		0.604,481
Adjusted R-squared	0.164,982	S. D. dependent var		0.083,098
S. E. of regression	0.075,934	Akaike info criterion		-2.212,468
Sum squared resid	0.501,643	Schwarz criterion		-1.922,318
Log likelihood	119.410,9	F-statistic		2.916,515
Durbin-Watson stat	1.922,598	Prob（F-statistic）		0.003,396

從表 4-2 可以看出，模型 F 統計量的相伴概率為 P＝0.003,396，說明模型的各自變量在聯合解釋信息披露方面是有效的。

從各個自變量的統計顯著性來看，X3、X6、X8、X9 與被解釋變量的關係在 10％的水平下顯著，假設 3、假設 6、假設 8 以及控制變量 X9 在 10％的水平下得到驗證，即有外資股的上市公司信息披露水平較高；董事長、總經理兩職合一不利於信息披露質量的提高；上市公司經營業績越好，信息披露質量越高，信息披露的「信號效應」得到了檢驗；公司規模

越大，信息披露質量越高。其他控制變量統計上都不顯著，但從符號與假設的方向關係來看，假設2得到部分驗證；大股東持股比例越高，信息透明度越低的假設未能得到驗證，但是多股同大有利於信息披露質量的提高（赫芬達爾指數越小，股權越分散）；假設4（高管持股比例越高，越不利於信息披露）得到部分驗證；假設5（現金流量權占控制權的比例越高，信息越透明）得到部分驗證；假設7（董事會中獨立董事比例越高，披露水平越高）得到部分驗證；控制變量X10（財務槓桿越高，信息披露水平越低）也得到部分驗證。

在模型中將解釋力較弱的X5解釋變量從模型中去除，新的多元線性迴歸結果如表4-3所示。

表4-3　　修正後訊息披露質量影響因素的多元迴歸分析結果

Variable	Coefficient	Std. Error	t-Statistic	Prob.
C	0.109,854	0.194,654	0.564,357	0.573,9
X1	0.291,215	0.200,334	1.453,650	0.149,6
X2	−0.302,364	0.232,032	−1.303,110	0.195,9
X3	0.092,656	0.046,151	2.007,674	0.047,7
X4	−28.155,64	18.373,00	−1.532,447	0.129,0
X6	0.061,190	0.033,008	1.853,791	0.067,1
X7	0.157,537	0.149,843	1.051,352	0.296,0
X8	0.001,255	0.000,629	1.994,810	0.049,2
X9	0.015,930	0.009,233	1.725,323	0.088,0
X10	−0.009,358	0.006,226	−1.503,101	0.136,4
R-squared	0.250,528	Mean dependent var		0.604,481
Adjusted R-squared	0.173,878	S. D. dependent var		0.083,098
S. E. of regression	0.075,529	Akaike info criterion		−2.232,158
Sum squared resid	0.502,003	Schwarz criterion		−1.968,386
Log likelihood	119.375,7	F-statistic		3.268,452
Durbin-Watson stat	1.932,809	Prob (F-statistic)		0.001,788

新的研究結果發現，模型的迴歸效果更好，可決系數有微弱的提高，而且各解釋變量的符號並未發生改變。可見，模型2的擬合效果更好。

將因變量自願信息披露系數與解釋變量輸入 Eviews 軟件，多元迴歸結果如表 4-4 所示。

表 4-4　　　　　　自願訊息披露影響因素多元回歸結果

Variable	Coefficient	Std. Error	t-Statistic	Prob.
C	−0.996,550	0.429,808	−2.318,592	0.022,8
X1	0.351,176	0.441,303	0.795,772	0.428,3
X2	−0.376,211	0.510,196	−0.737,386	0.462,9
X3	0.122,187	0.113,131	1.080,046	0.283,1
X4	−69.692,01	40.306,28	−1.729,061	0.087,3
X5	−0.000,178	0.002,676	−0.066,421	0.947,2
X6	0.172,065	0.073,319	2.346,812	0.021,2
X7	0.291,212	0.328,879	0.885,468	0.378,3
X8	0.000,497	0.001,380	0.359,899	0.719,8
X9	0.045,641	0.020,412	2.236,024	0.027,9
X10	−0.020,855	0.013,655	−1.527,299	0.130,3
R-squared	0.198,345	Mean dependent var		0.262,621
Adjusted R-squared	0.106,201	S. D. dependent var		0.175,212
S. E. of regression	0.165,647	Akaike info criterion		−0.652,490
Sum squared resid	2.387,176	Schwarz criterion		−0.362,340
Log likelihood	42.971,99	F-statistic		2.152,555
Durbin-Watson stat	1.615,041	Prob（F-statistic）		0.028,394

從迴歸模型可以發現，從 F 統計量的相伴概率 P＝0.028,394 看，模型總體解釋力度較強。從單個解釋變量與自願信息披露的關係看，假設 4 在 10% 的水平上、假設 6 與假設 9 在 3% 的水平上顯著，即高管持股比例越高，自願信息披露水平越低；董事長與總經理兩職合一不利於信息透明；公司規模越大，信息披露水平也越高。假設 5 無論系數的符號還是顯著性都未能得到證明，其他變量的系數符號與假設的預期一致。

研究發現，無論是考察強制性信息披露還是自願信息披露，現金流量權占控制權的比例對信息披露都沒有什麼影響，這一點與中國資本市場的現狀不相吻合，可能在后續研究中還需要更加精細地設計衡量上市公司信

息披露的指標體系，以探查現金流量權與控制權的分離這一國外實證公認的公司治理重要變量對於信息披露質量的影響。在迴歸模型中去除 X5 解釋變量，新的迴歸結果如表 4-5 所示。

表 4-5　　修正後的自願披露影響因素多元迴歸分析結果

Variable	Coefficient	Std. Error	t-Statistic	Prob.
C	-0.999,862	0.424,486	-2.355,467	0.020,7
X1	0.353,920	0.436,872	0.810,122	0.420,1
X2	-0.378,639	0.505,998	-0.748,302	0.456,3
X3	0.118,830	0.100,642	1.180,718	0.240,9
X4	-69.755,44	40.066,38	-1.740,997	0.085,2
X6	0.171,294	0.071,982	2.379,682	0.019,5
X7	0.290,360	0.326,765	0.888,591	0.376,6
X8	0.000,496	0.001,372	0.361,217	0.718,8
X9	0.045,811	0.020,135	2.275,182	0.025,3
X10	-0.020,865	0.013,577	-1.536,816	0.127,9
R-squared	0.198,305	Mean dependent var		0.262,621
Adjusted R-squared	0.116,313	S. D. dependent var		0.175,212
S. E. of regression	0.164,707	Akaike info criterion		-0.672,847
Sum squared resid	2.387,297	Schwarz criterion		-0.409,075
Log likelihood	42.969,51	F-statistic		2.418,600
Durbin-Watson stat	1.612,074	Prob（F-statistic）		0.016,706

從表 4-5 中可以看出，模型的解釋力度有所上升。

4.4　本模型的再探討

本研究中，正如模型假設中所述，審計意見、公司所處行業、上市地點、該年度法律法規的改進狀況，都有可能是解釋信息披露質量差異的重要因素。由於模型的被解釋變量——信息披露質量評價分數本身已經包含

審計意見評分，為避免模型的自相關性，不宜引入作為信息披露質量的解釋變量；而法律法規的改進狀況是因為本書的研究是基於 2004 年年度報告截面數據而不宜被引入作為解釋變量。作為影響信息披露質量的控制變量，公司所處行業以及上市地點之所以未被引入主要是因為本研究總樣本量較小（120 只），如果繼續按行業細分進行統計可能失去其統計意義。這有待於后續研究中擴大樣本量繼續深入研究。

5 訊息披露質量與盈餘質量的相關性研究

根據美國會計學家雪普的定義，盈餘管理實際上就是有目的地干預對外財務報告過程，以獲取某些私人利益的披露管理。盈餘管理根植於會計「應計制」下會計收益與真實「經濟收益」的差異，由於可能存在各種「私人利益」的誘因，使得掌握會計信息生產權的管理層或其他利益團體可能利用會計政策的選擇權操縱對外財務報告的確認、計量與披露，從而達到各種「私人目的」。會計盈餘中，可操縱部分越多，信息的質量應該是越差，在資本市場有效性不強從而不能看穿操縱性盈餘部分的情況下，外部信息使用者的利益就會受到損害。因此，本章主要研究信息披露質量與反應盈餘質量的盈餘操縱係數的關係，以便證實它們之間的可替代性，並間接證明前面建立的信息披露質量評價指標的適用性。

5.1 盈餘管理與訊息披露質量的實證研究綜述

研究盈餘管理與信息披露質量的實證文獻不是很多，夏立軍與鹿小南（2005）[①] 以 2001 年被公開譴責的上市公司作為信息披露質量的代理變量，研究信息披露質量與盈餘管理的關係。研究發現，在控制了其他變量之後，上市公司信息披露質量與盈餘管理之間存在明顯的負相關關係。

---

① 夏立軍，鹿小南．上市公司盈餘管理與信息披露質量相關性研究 [J]．當代經濟管理，2005（5）．

國外方面，Gerald 和 Zhon（2001）[①] 認為公司披露程度及盈餘管理都是基於管理者所決定的，當管理者下決定時，會考慮到二者互相間產生的影響，當管理者希望獲得較為彈性的盈餘管理而決定信息披露的程度或因為管理者的盈餘管理能力所以選擇了較不透明之披露水準時，會發現控制了其他變數如規模、槓桿度、產業等擾亂因子后，公司披露程度的確與盈餘管理存在顯著的負向關係，披露程度低的公司傾向於致力於盈餘管理，而公司財務報告出現較多盈餘管理將導致低的信息透明度評等。

5.2 盈餘管理度的測量方法

5.2.1 應計利潤分離法

國內外關於盈餘管理實證研究多用應計利潤分離法，即利用迴歸模型將應計利潤分為非操控性應計利潤與操控性應計利潤。具體包括下列模型：

（1）希利模型（The Healy Model）

該模型由希利於 1985 年首次提出。他通過對研究期間和估計期間的應計項目（剔除了資產規模的影響）的均值檢驗判斷盈餘管理的存在。不可操縱性應計項目的估計模型如下：

$$NDA_i = \sum TA_t / T \qquad (5-1)$$

其中：NDA_i 為不可操縱性應計利潤；

TA_t 為應計利潤（剔除了資產規模的影響）；

T 為估計期的年數；

i 為特定事件發生的年份；

$t = 1, 2, \cdots$

（2）德·安吉羅模型（The Deangelo Model）

德·安吉羅在 1986 年的研究中提出：不存在盈餘管理的情況下，如果剔除資產規模（公司增長）的影響，應計項目（Total Accruals）間差異為 0，因此可用前一年度的應計項目來估計下一年度的不可操縱性應計項目

[①] Lobo Gerald J, Jian Zhon. Disclosure Quality and Earning Management [J]. Working Paper, SSRN, 2001.

(Non-discretionary Accruals),模型如下:

$$NDA_t = TA_{t-1} \tag{5-2}$$

其中:$NDAt$ 為不可操縱性應計利潤;

TA_{t-1}為$t-1$年應計利潤(剔除了資產規模的影響);

t 為研究期間。

希利模型與德·安吉羅模型的共同之處在於,都利用應計項目來估計不可操縱性應計項目的值,如果不可操縱性應計項目(Non-discretionary Accruals)為一時間常量,而且可操縱性應計項目(Discretionary Accruals)在估計期間內均值顯著為零,則兩個模型都可以對不可操縱性應計項目準確預測;如果不可操縱性應計項目為一時間變量,則兩個模型都會出現較大的預測誤差。

(3)瓊斯模型(The Jones Model)

Jones(1991)在估量非操縱性應計利潤時,成功地控制了公司經濟環境的變化對非操縱性應計利潤的影響。Jones 模型估量非操縱性應計利潤的公式如下:

$$NDA_t = a1\,(1/A_{t-1}) + a2\,(\Delta REV_t/A_{t-1}) + a3\,(PPE_t/A_{t-1}) \tag{5-3}$$

式中,NDA_t 是經過第 t-1 期期末總資產調整后的第 t 期的非操縱性應計利潤,ΔREV_t 是第 t 期收入和第 t-1 期收入的差額;$PPEt$ 是第 t 期期末總的廠場、設備等固定資產價值;A_{t-1}是第 t-1 期期末總資產;$a1$、$a2$、$a3$ 是公司特徵參數。$a1$、$a2$、$a3$ 的估計值根據以下模型,並運用估計期各項數值進行迴歸取得:

$$TA_t/A_{t-1} = a1\,(1/A_{t-1}) + a2\,(\Delta REV_t/A_{t-1}) + a3\,(PPE_t/A_{t-1}) + \varepsilon_t \tag{5-4}$$

式中,$a1$、$a2$、$a3$ 是 $a1$、$a2$、$a3$ 的 OLS 估計值,TA_t是第 t 期的總應計利潤,ε_t 為剩餘項,代表各公司總應計利潤中的操縱性應計利潤部分。其他變量含義和方程(3)相同。

(4)修正的 Jones 模型

當收入確認受到操縱時,Jones 模型在估量操縱應計利潤時便會存在錯誤的主觀猜測傾向,修正的 Jones 模型則可以消除這種傾向。在修正的 Jones 模型中,非操縱性應計利潤採用事件期(即假設的盈餘管理發生期)數據進行估計。具體模型如下:

$$NDA_t = a1\,(1/A_{t-1}) + a2\,[\,(\Delta REV_t - \Delta REC_t)/A_{t-1}\,] + a3\,(PPE_t/A_{t-1}) \tag{5-5}$$

式中,ΔREC_t是第 t 期的淨應收款項和第 t-1 期的淨應收款項的差額,其他變量的含義和方程(5-3)相同。需要注意的是,$a1$、$a2$、$a3$ 的估計

值是從原始的 Jones 模型中得到的，而不是從修正的 Jones 模型中得到的。修正的 Jones 模型對原始的 Jones 模型的調整僅僅是模型中收入變量經過了事件期（即假設的盈餘管理發生期）應收款項變量的調整。

(5) 行業模型

行業模型同樣放松了非操縱性應計利潤在時間序列上是常數的假設。行業模型假設非操縱性應計利潤的決定因素的變化，在同行業公司之間是相同的，而不是設計模型來直接估量操縱性應計利潤的決定因素。行業模型中的非操縱性應計利潤模型如下：

$$NDA_t = \beta_1 + \beta_2 \text{medianj}(TA_t/A_{t-1}) \quad (5-6)$$

式中，NDA_t 的估計方法和方程（5-3）一樣，但是使用的是總應計利潤，因為 NDA_t 不是可以直接觀察的變量。直接觀察的變量 medianj（TA_t/A_{t-1}）是同行業所有非樣本公司經過第 t-1 期總資產調整的第 t 期應計利潤的中值。公司特徵參數 β1 和 β2 用估計期觀測值通過 OLS 估計獲得。

(6) 截面 Jones 模型

除了模型中參數用截面數據估計而不是用時間序列數據估計外，截面 Jones 模型與 Jones 模型是相似的。因此，截面 Jones 模型估計非操縱性應計利潤的模型如下：

$$NDA_t = a1(1/A_{t-1}) + a2(\Delta REV_t/A_{t-1}) + a3(PPE_t/A_{t-1}) \quad (5-7)$$

式中，NDA_t 是經過第 t-1 期期末總資產調整后的第 t 期的非操縱性應計利潤，ΔREV_t 第 t 期收入和第 t-1 期收入的差額，PPE_t 是第 t 期期末總的廠場、設備等固定資產價值，A_{t-1} 是第 t-1 期期末總資產。a1、a2、a3 是不同行業、不同年份的特徵參數，這些特徵參數的估計值根據以下模型，並運用經過行業分組的不同年份數據進行迴歸取得。

$$TA_t/A_{t-1} = a1(1/A_{t-1}) + a2(\Delta REV_t/A_{t-1}) + a3(PPE_t/A_{t-1}) + \varepsilon_t \quad (5-8)$$

式中，a1、a2、a3 是 a1、a2、a3 的 OLS 估計值，TA_t 是第 t 期的總應計利潤，ε_t 為剩餘項，代表各公司總應計利潤中的操縱性應計利潤部分。其他變量含義和方程（5-5）相同。

(7) 截面修正的 Jones 模型

與截面 Jones 模型一樣，截面修正的 Jones 模型中的參數也是用截面數據估計，而不是用時間序列數據估計。在截面修正的 Jones 模型中，非操縱性應計利潤用事件期（即假設的盈餘管理發生期）數據估計，模型如下：

$$NDA_t = a1(1/A_{t-1}) + a2[(\Delta REV_t - \Delta REC_t)/A_{t-1}] + a3(PPE_t/A_{t-1})$$

(5-9)

式中，NDA_t 是經過第 t-1 期期末總資產調整后的第 t 期的非操縱性應計利潤，ΔREV_t 是第 t 期收入和第 t-1 期收入的差額，ΔREC_t 是第 t 期的淨應收款項和第 t-1 期的淨應收款項的差額，PPE_t 是第 t 期期末總的廠場、設備等固定資產價值，A_{t-1} 是第 t-1 期期末總資產。$a1$、$a2$、$a3$ 是不同行業、不同年份的特徵參數，這些特徵參數的估計值根據以下模型，並運用經過行業分組的不同年份數據進行迴歸取得：

$$TA_t/A_{t-1} = a1（1/A_{t-1}）+ a2（\Delta REV_t/A_{t-1}）+ a3（PPE_t/A_{t-1}）+ \varepsilon_t$$
(5-10)

式中，a1、a2、a3 是 $a1$、$a2$、$a3$ 的 OLS 估計值，TA_t 是第 t 期的總應計利潤，ε_t 為剩餘項，代表各公司總應計利潤中的操縱性應計利潤部分。其他變量含義和方程（5-7）相同。

5.2.2 替代法

與國外多利用應計項目操縱經營利潤不同，國內大多數公司是利用非經常性項目即「線下項目」來操縱利潤。因此，國內有學者建議用非經常性損益來作為盈餘管理的替代變量效果更好。因為國內的盈餘操縱主要是用非經常性損益項目來操縱損益，而國外更多用經常性項目來進行盈餘管理。

5.3 樣本公司盈餘管理度的測量

5.3.1 本書的模型設計

本書採用截面修正的行業模型來測定上市公司盈餘管理操縱度，並且在模型中除了考慮固定資產的影響外，還考慮無形及其他長期資產的影響。具體估計式如下：

$$NDA_t = a1（1/A_{t-1}）+ a2［（\Delta REV_t - \Delta REC_t）/A_{t-1}］+ a3（PPE_t/A_{t-1}）+ a4（無形及其他資產/A_{t-1}）$$
(5-11)

式中，$a1$、$a2$、$a3$、$a4$ 是不同行業、不同年份的特徵參數。這些特徵參數的估計值根據以下模型，並運用經過行業分組的不同年份數據進行迴歸取得：

$$TA_t/A_{t-1} = a1（1/A_{t-1}）+ a2（\Delta REV_t/A_{t-1}）+ a3（PPE_t/A_{t-1}）+ a4（無$$

形及其他資產/A_{t-1}）+ε_t (5-12)

式中，a1、a2、a3、a4 是 $a1$、$a2$、$a3$、$a4$ 的 OLS 估計值，TA_t 是第 t 期的總應計利潤，ε_t 為剩餘項，代表各公司總應計利潤中的操縱性應計利潤部分。其他變量含義和方程（5-11）相同。

把利用方程（5-12）估計出來的參數代入方程（5-11）估計出來的 NDAt 是第 t 年公司經上年末總資產調整后經營利潤中的非操控性應計利潤。在中國，利潤的盈餘管理部分不僅包括經營利潤中的操控部分，還應包括非經常性損益在內。因此，總體操控性利潤等於總體應計利潤減去經營性非操控性應計利潤的差額。其中，總體應計利潤有兩種基本算法：一種是資產負債表法，另一種是現金流量表法。

資產負債表法的計算公式如下：

$TA_t = \Delta CA_t - \Delta CASH_t - \Delta CL_t + \Delta DCL_t - DEP_t$ (5-13)

式中，ΔCA_t 是第 t 年流動資產的變化額；$\Delta CASH_t$ 是第 t 年現金及現金等價物的變化額；ΔCL_t 是第 t 年流動負債的變化額；ΔDCL_t 是第 t 年流動負債中短期借款的變化額；DEP_t 是第 t 年折舊和攤銷費用。

現金流量表法的計算公式如下：

第 t 年總應計利潤＝第 t 年淨利潤－CFO_t (5-14)

式中，CFO_t 為第 t 年現金流量表中經營活動現金流量淨額。

盈餘操縱比例計算公式如下：

盈餘操縱額/A_{t-1} =（第 t 年總應計利潤－NDA_t）/A_{t-1} (5-15)

本書採用現金流量表法計算盈餘操縱額。

5.3.2 樣本選取及數據來源

本書仍然以第三章研究信息披露質量影響因素所用的樣本作為研究盈餘質量的樣本，樣本及計算行業參數需要的數據均來自於 Wind 數據庫。由於研究的樣本公司分佈於服務業、批發與零售業、房地產業、電力煤水業、採掘業、農林牧漁業等九個行業中。根據研究方法的要求，選取相應行業的所有非樣本公司作為參考樣本，運用（5-12）式進行迴歸分析得出的參數值如表 5-1 所示。

表 5-1　　　　　　　　　　行業迴歸參數表

行業類別	參數 $a1$	參數 $a2$	參數 $a3$	參數 $a4$
製造業	-0.011,741	-0.011,86	0.014,525	-0.195,319
農林牧漁	-0.100,181	-0.024,538	0.211,842	0.100,742

5 信息披露質量與盈餘質量的相關性研究

表5-1(續)

行業類別	參數 $a1$	參數 $a2$	參數 $a3$	參數 $a4$
綜合類	0.029,808	-0.078,979	-0.115,185	-0.303,208
房地產	0.075,989	0.104,034	-0.174,371	-0.050,522
訊息技術	-0.023,749	0.009,641	-0.081,034	0.858,76
批發零售	-0.095,722	0.070,008	0.023,531	0.209,784
社會服務	-0.039,797	-0.078,003	0.067,144	-0.079,302
電力煤水	0.013,208	-0.050,276	-0.047,88	0.138,691
交通運輸	-0.012	-0.067,135	-0.033,508	-0.047,722
採掘業	-0.140,983	0.115,732	0.022,202	-0.033,395

將相應參數以及樣本的其他數據代入公式（5-11），並將計算所得的非操控性經營利潤代入公式（5-13），最終得到樣本公司盈餘管理中操控損益占上年末公司總資產的比例（即盈餘操縱系數），如表5-2所示。

表 5-2　操控性損益占上年總資產比重表（盈餘操縱系數表）

證券代碼	簡稱	行業	盈餘管理比例
600628	新世界	批發和零售貿易	0.022,735
600655	豫園商城	批發和零售貿易	0.031,177
600738	蘭州民百	批發和零售貿易	-0.030,54
600826	蘭生股份	批發和零售貿易	-0.232,34
600837	都市股份	批發和零售貿易	0.372,574
600511	國藥股份	批發和零售貿易	0.058,3
000069	華僑城 A	社會服務業	0.140,044
000888	峨眉 ft A	社會服務業	-0.070,32
600007	中國國貿	社會服務業	-0.057,5
600185	海星科技	社會服務業	0.059,691
600350	山東高速	社會服務業	-0.043,8
600741	巴士股份	社會服務業	-0.122,5
000035	*ST 科健	訊息技術業	-0.700,63
000038	S*ST 大通	訊息技術業	-0.039,67
000517	S*ST 成功	訊息技術業	-0.149,71
000836	鑫茂科技	訊息技術業	-0.061,93
000997	新大陸	訊息技術業	0.078,327

表5-2(續)

證券代碼	簡稱	行業	盈餘管理比例
600100	同方股份	訊息技術業	0.001,733
600118	中國衛星	訊息技術業	-0.029,68
600608	S滬科技	訊息技術業	0.127,529
600850	華東電腦	訊息技術業	-0.119,9
600395	盤江股份	採掘業	-0.133,92
000036	華聯控股	製造業——紡織、服裝、皮毛	0.081,036
000410	沈陽機床	製造業——機械、設備、儀表	-0.033,61
000506	S*ST東泰	製造業——造紙、印刷	-0.040,74
000513	麗珠集團	製造業——醫藥、生物製品	-0.006,99
000518	四環生物	製造業——醫藥、生物製品	0.001,638
000522	白雲山A	製造業——醫藥、生物製品	-0.037,27
000538	雲南白藥	製造業——醫藥、生物製品	0.027,139
000557	ST銀廣夏	製造業——醫藥、生物製品	-0.504,48
000559	萬向錢潮	製造業——機械、設備、儀表	-0.010,32
000569	長城股份	製造業——金屬、非金屬	0.120,686
000657	中鎢高新	製造業——金屬、非金屬	0.092,746
000697	咸陽偏轉	製造業——電子	-0.018,88
000712	錦龍股份	製造業——紡織、服裝、皮毛	0.054,728
000717	韶鋼松山	製造業——金屬、非金屬	-0.001,13
000726	魯泰A	製造業——紡織、服裝、皮毛	-0.003,01
000760	博盈投資	製造業——機械、設備、儀表	-0.258,83
000810	華潤錦華	製造業——紡織、服裝、皮毛	-0.078,14
000819	S岳興長	製造業——化工	0.005,065
000848	承德露露	製造業——食品、飲料	-0.031,79
000852	S江鑽	製造業——機械、設備、儀表	-0.066,53
000922	S阿繼	製造業——機械、設備、儀表	0.262,495
000923	S宣工	製造業——機械、設備、儀表	0.020,853
000935	S川雙馬	製造業——金屬、非金屬	0.006,466
000952	廣濟藥業	製造業——醫藥、生物製品	0.030,987
000989	九芝堂	製造業——醫藥、生物製品	0.014,056
600010	包鋼股份	製造業——金屬、非金屬	-0.236,92

表5-2(續)

證券代碼	簡稱	行業	盈餘管理比例
600072	江南重工	製造業——機械、設備、儀表	-0.013,34
600081	東風科技	製造業——機械、設備、儀表	-0.028,69
600095	哈高科	製造業——食品、飲料	0.048,13
600111	稀土高科	製造業——金屬、非金屬	0.015,067
600137	S*ST 長控	製造業——造紙、印刷	-0.151,25
600156	華升股份	製造業——紡織、服裝、皮毛	-0.003,21
600178	東安動力	製造業——機械、設備、儀表	-0.104,24
600179	黑化股份	製造業——化工	-0.010,35
600218	全柴動力	製造業——機械、設備、儀表	-0.103,25
600226	昇華拜克	製造業——醫藥	-0.024,38
600262	北方股份	製造業——機械、設備、儀表	0.017,263
600276	恒瑞醫藥	製造業——醫藥、生物製品	-0.051,52
600337	美克股份	製造業——木材、家具	0.065,185
600351	亞寶藥業	製造業——醫藥、生物製品	-0.049,86
600367	紅星發展	製造業——醫藥、生物製品	0.007,893
600398	凱諾科技	製造業——紡織、服裝、皮毛	-0.077,86
600400	紅豆股份	製造業——紡織、服裝、皮毛	0.089,879
600466	迪康藥業	製造業——醫藥、生物製品	0.024,162
600592	龍溪股份	製造業——機械、設備、儀表	0.007,413
600599	瀏陽花炮	製造業——機械、設備、儀表	-0.037,86
600609	*ST 金杯	製造業——機械、設備、儀表	-0.061,16
600614	*ST 鼎立	製造業——機械、設備、儀表	-0.100,81
600615	SST 豐華	製造業——機械、設備、儀表	0.102,014
600629	S*ST 棱光	製造業——金屬、非金屬	-1.127,11
600636	三愛富	製造業——金屬、非金屬	0.016,868
600677	航天通信	製造業——紡織、服裝、皮毛	-0.024,83
600688	S 上石化	製造業——石油、化工	-0.027,03
600710	常林股份	製造業——機械、設備、儀表	0.023,207
600724	寧波富達	製造業——機械、設備、儀表	-0.047,51
600765	力源液壓	製造業——機械、設備、儀表	-0.029,91
600802	福建水泥	製造業——金屬、非金屬	-0.094,96

表5-2(續)

證券代碼	簡稱	行業	盈餘管理比例
600809	山西汾酒	製造業——食品、飲料	0.050,444
600812	華北制藥	製造業——醫藥、生物製品	-0.024,69
600815	廈工股份	製造業——機械、設備、儀表	0.099,196
600842	中西藥業	製造業——醫藥、生物製品	-0.136,7
600873	五洲明珠	製造業——機械、設備、儀表	0.033,956
600877	中國嘉陵	製造業——機械、設備、儀表	-0.032,97
600884	杉杉股份	製造業——紡織、服裝、皮毛	-0.022,75
000713	豐樂種業	農、林、牧、漁業	-0.036,6
000918	S*ST亞華	農、林、牧、漁業	-0.073,1
000972	新中基	農、林、牧、漁業	-0.020,63
600108	亞盛集團	農、林、牧、漁業	-0.022,8
600313	SST中農	農、林、牧、漁業	-0.006,72
000638	S*ST中遼	綜合類	0.105,765
000716	南方控股	綜合類	-0.009,57
000835	四川聖達	綜合類	-0.137,67
000881	大連國際	綜合類	0.120,485
600620	天宸股份	綜合類	0.026,225
600635	大眾公用	綜合類	0.049,145
000004	*ST國農	交通運輸、倉儲業	-0.004,53
000753	漳州發展	交通運輸、倉儲業	0.015,651
000996	捷利股份	交通運輸、倉儲業	-0.082,89
600561	江西長運	交通運輸、倉儲業	-0.061,14
600768	寧波富邦	交通運輸、倉儲業	0.100,772
000089	深圳機場	交通運輸、倉儲業	-0.013,59
000099	中信海直	交通運輸、倉儲業	0.023,488
000608	陽光股份	房地產業	0.078,899
000667	名流置業	房地產業	-0.051,31
600393	東華實業	房地產業	-0.047,24
600663	陸家嘴	房地產業	-0.079,1
600736	蘇州高新	房地產業	0.302,58
600791	天創置業	房地產業	0.280,558

表5-2(續)

證券代碼	簡稱	行業	盈餘管理比例
000558	萊茵置業	房地產業	-0.084,53
600533	栖霞建設	房地產業	0.343,041
000600	建投能源	水利、電力、能源	-0.075,85
00767	漳澤電力	水利、電力、能源	-0.053,5
000899	贛能股份	水利、電力、能源	-0.005,76
600121	鄭州煤電	水利、電力、能源	0.026,239
600644	樂山電力	水利、電力、能源	-0.083,87
600649	原水股份	水利、電力、能源	-0.019,95
600726	華電能源	水利、電力、能源	-0.094,77
600795	國電電力	水利、電力、能源	-0.000,13

5.4 盈餘管理與訊息披露質量的相關性與分析

　　實務中，決定公司是否採用盈餘管理的因素很多。從國外的研究領域與假設來看，有管理激勵與盈餘管理，其中又細分為：報酬契約與盈餘管理；代理人競爭與盈餘管理；管理者收購與盈餘管理；債務契約與盈餘管理；政治成本與盈餘管理，主要研究政府管制行為與公司盈餘管理的關係；基於其他目的進行的盈餘管理，比如以股利為基礎的盈餘管理，困境企業的盈餘管理以及風險管理中的盈餘管理等。

　　在國內，針對盈餘管理動機進行研究的實證文獻較多，其實證券市場中的盈餘管理大多是基於證券市場制度性安排進行的盈餘管理，比如公司IPO過程中的盈餘管理，公司配股增發過程中的盈餘管理，ST、PT公司保牌摘牌過程中的盈餘管理。近年來有學者開始研究上市公司盈餘管理與管理層收購的關係。由於中國上市公司管理層激勵制度尚不健全，公司股權激勵等措施尚未被廣為推行，因此實務中研究報酬契約與盈餘管理的文獻尚不多見。

　　可以認為，影響上市公司盈餘管理的因素眾多。本處並不探究盈餘管理的影響因素，只是利用前面關於信息披露質量分項評價的結果以及盈餘管理的計算結果探測它們之間的關係。具體就是以盈餘管理作為因變量，

以信息披露質量評價的 6 個方面作為解釋變量，評價信息披露的各項指標能在多大程度上解釋企業的盈餘管理結果。將相關數據輸入 Eviews 統計軟件，多元迴歸的結果如表 5-4 所示。

6 個自變量分別是：X1，審計質量評價系數；X2，定期報告及時性評價系數；X3，信息披露合規性評價系數；X4，其他方面評價系數；X5，自願信息披露評價系數；X6，網站信息披露評價系數。

自變量之間的協方差矩陣如表 5-3 所示。從表 5-3 中可以看出，指標之間自相關係數都比較小，可以認為模型沒有嚴重的多重共線性干擾。

表 5-3　　　　　　　　自變量協方差矩陣表

	X1	X2	X3	X4	X5	X6
X1	1	0.181,242,962,0	0.152,453,514,4	-0.076,304,948	0.288,305,383,1	0.120,419,217,1
X2	0.181,242,962,0	1	0.024,812,250,8	-0.065,177,256	0.243,094,702,1	-0.028,366,800
X3	0.152,453,514,4	0.024,812,250,8	1	0.153,144,501,6	0.109,750,760,4	0.024,938,795,1
X4	-0.076,304,948	-0.065,177,256	0.153,144,501,6	1	0.017,762,336,3	-0.008,593,640
X5	0.288,305,383,1	0.243,094,702,1	0.109,750,760,4	0.017,762,336,3	1	0.253,715,719,0
X6	0.120,419,217,1	-0.028,366,800	0.024,938,795,1	-0.008,593,640	0.253,715,719,0	1

因變量盈餘管理 Y 與自變量多元線性迴歸的結果如表 5-4 所示。

表 5-4　　盈餘操縱係數與訊息披露評價指標體系的相關性分析表

Variable	Coefficient	Std. Error	t-Statistic	Prob.
C	0.455,426	0.213,098	2.137,169	0.034,8
X1	-0.487,685	0.093,743	-5.202,386	0.000,0
X2	-0.030,369	0.081,356	-0.373,281	0.709,6
X3	-0.054,651	0.201,470	-0.271,263	0.786,7
X4	0.052,199	0.101,885	0.512,336	0.609,4
X5	0.133,693	0.085,450	1.564,580	0.120,5
X6	-0.086,328	0.040,171	-2.149,003	0.033,8
R-squared	0.243,984	Mean dependent var		0.085,339
Adjusted R-squared	0.203,483	S. D. dependent var		0.138,879
S. E. of regression	0.123,947	Akaike info criterion		-1.280,906
Sum squared resid	1.720,635	Schwarz criterion		-1.117,428
Log likelihood	83.213,89	F-statistic		6.024,172
Durbin-Watson stat	2.155,663	Prob（F-statistic）		0.000,017

從表5-4中可以看出，模型的F統計量的相伴概率P＝0.000,017，自變量對模型的聯合解釋力較強。從單個自變量來看，審計質量指標能夠顯著解釋上市公司的盈餘管理行為，此外網站披露也能顯著解釋盈餘管理行為。而其他方面的評價系數以及自願信息披露系數均從符號上與經濟意義不相吻合，也不具有統計上的顯著性。定期報告及時性以及合規性評價指數也不能解釋上市公司的盈餘管理行為，儘管它們的符號與預期的經濟意義相符。

　　因此可以得出的結論為：上市公司2004年年度報告審計師的審計質量比較高，能夠有效解釋上市公司的盈餘管理。此外，另結論顯示，上市公司網站信息披露與上市公司盈餘管理程度顯著負相關，表明趨向於有較大盈餘管理空間的上市公司往往忽視通過網站信息的充分披露來加強與投資者之間的交流與溝通。

6 訊息披露質量與資本市場成本

6.1 訊息披露與資本市場反映文獻綜述

6.1.1 國外文獻綜述

信息披露是連接證券市場資金需求方——上市公司與資金供給方——投資者的重要紐帶，信息披露的質量歷來受到證券市場利益相關群體的高度重視，股權融資成本作為上市公司融資的代價以及投資者獲取的預期報酬，與證券市場的信息披露有著緊密的聯繫。國外 20 世紀 90 年代以來的研究或是從理論上加以論述或論證，或是從實證角度運用資本市場上的相關數據進行驗證。這些研究主要是從信息披露有助於降低投資者預測的不確定性以及提高證券市場的流動性兩方面來進行。

從資本資產定價模型或者套利模型來看，證券市場投資者的報酬由無風險報酬與風險報酬組成，風險報酬主要與特定證券的一系列不可分散的風險有關。風險都是與未來有關的一系列不確定性事項，都需要建立在預測的基礎上，未來事項越不確定，投資者預測難度越大，要求的風險回報就越高。因此，如果採用公開而充分的有關證券價值變動的信息披露，就可以降低投資者在證券定價中預測的不確定性，從而降低投資者對該證券的風險評級，降低預期的最低報酬率，最終降低公司融資的成本。

從證券市場的融資機制來看，上市公司採取充分的信息披露行為機制，可以降低公司與投資者之間的信息披露不對稱，增加潛在投資者對投資該公司股票的興趣，增加證券市場股權的流動性，從而降低證券市場的交易成本。

圍繞這兩方面的思路，實證上可以採取兩種研究方式：一種思路是從證券市場融資角度出發，研究上市公司信息披露與資本市場融資成本的關係；另一種思路是從證券市場交易的角度出發，研究上市公司信息披露與公司股票在證券市場流動性的關係。本章主要研究上市公司信息披露質量與資本成本的關係。

國外研究上市公司信息披露與資本成本之間關係的相關文獻主要有：Klein 和 Bawa（1976）[①]、Barry 和 Brown（1985）[②]、Coles 和 Loewenstein（1988）[③]、Handa 和 Linn（1993）[④]、Clarkson（1996）[⑤] 通過分析推理指出，公司透明度的提高使得投資者對公司財務的預測精度升高，從而降低投資者的預測風險及權益資本成本。

另外一些學者就信息披露對股權融資成本的影響進行了實證檢驗。Sengupta（1998）[⑥] 發現信息披露有助於降低發行債券的成本。Botosan（1997）[⑦] 以美國機械行業 1990 年 122 家公司為樣本，發現在控制 β 系數和公司規模的條件下，那些分析師關注越少的公司信息披露質量越高，其由 4 期剩餘收益模型計算的股權融資成本越低。Botosan 和 Plumlee（2002）[⑧] 將樣本擴大到更多的行業和更多的年份，在控制 β 系數和公司規模的條件下，發現樣本公司信息披露質量和股權融資成本之間仍存在微弱的負向關係。Bhattacharya 等（2003）[⑨] 以 34 個國家 1986—1998 年的數據為樣本進行研究，發現盈餘披露質量越差的國家，其股票市場的股權融資

[①] Klein R, V Bawa. The Effect of Estimation Risk on Optimal Portfolio Choice [J]. Journal of Financial Economics, 1976.

[②] Barry C, S Brown. Differential Information and Security Market Equilibrium [J]. Journal of Financial and Quantitative Analysis, 1985.

[③] Coles J, U Loewenstein. Equilibrium Pricing and Portfolio Composition in the Presence of Uncertain Parameters [J]. Journal of Financial Economics, 1988, 279-303.

[④] Handa P, S Linn. Arbitrage pricing with estimation risk [J]. Journal of Financial Economics, 1993, 81-100.

[⑤] Clarkson P, J Guedes, R Thompson. On the Diversification, Observability, and Measurement of Estimation Risk [J]. Journa of Financial and Quantitative Analysis, 1996, 31: 69-84.

[⑥] Sengupta P. Corporate Disclosure Quality and the Cost of Debt [J]. Accounting Review, 1998, 73: 459-474.

[⑦] Botosan, Christine. Disclosure Level and the Cost of Equity Capital [J]. Accounting Review, 1997, 72: 323-50.

[⑧] Botosan C, M Plumlee. A Reexamination of Disclosure Level and the Expected Cost of Equity Capital [J]. Journal of Accounting Research, 2002, 40: 21-40.

[⑨] Bhattacharya U, Daouk H, Welker M. The World Price of Earnings Opacity [J]. The Accounting Review, 2003, 78: 641-678.

成本越高，股票的交易越不活躍。Francis 等（2004）① 以美國上市公司 1975—2001 年的數據為樣本進行研究，發現在控制 β 系數、公司規模和帳面市值比的條件下，信息披露質量越差的公司股權融資成本越高。

還有一些研究則關注單一披露對資本成本的影響，如 Marquardt 和 Wiedman（1998）② 提出，如果公司資本成本隨著自願披露水平的提高和信息不對稱程度的減小而下降，那麼管理者將在公司第二次股票發行前提供公司的盈餘預測；Clement 等（2000）③ 調查了資本市場對於公司盈餘預測披露的反應，發現盈餘預測的不確定性越小，資本成本就越低。

其他有關於資本市場對企業提高信息透明度反應的文獻還包括 Bens 和 Monahan（2002）④ 探討披露程度與多角化公司剩餘價值關係的研究，他們發現從 1980—1996 年美國多角化公司的剩餘價值與證券公司分析自願性披露評等間具有正向關係，但與未多角化公司間卻無顯著關聯，且發現披露程度與多角化部門間資金分配具有高度正相關關係，表示透明度提高的內部資金市場之效率性，隱含透明度高的多角化公司具有較高的剩餘價值，其主要來源為監督效果，即指透明度降低管理者選擇不利於股東的投資方案的機會。

6.1.2 國內文獻綜述

目前為止，研究中國資本市場信息披露與資本成本關係的實證文獻並不多見。

汪煒、蔣高峰（2004）⑤ 以 2002 年滬市 516 家 A 股上市公司作為樣本，以這些公司 2002 年全年臨時公告和季報數量之和作為自願信息披露水平指數，採用 3 年股利折現模型計算樣本公司 2002 年的權益資本成本。研究發現，在控制公司規模和財務槓桿率的條件下，自願信息披露水平指數較高的樣本公司當年的權益資本成本較低。他們還對通信產業專門進行了檢驗，發現以上關係更加顯著。另外，汪煒、蔣高峰（2004）主要從信息

---

① Francis J, La Fond R, Olsson P M, et al. Cost of Equity and Earnings Attributes [J]. The Accounting Review, 2004, 79: 967-1010.

② Marquardt C, Wiedman C. Voluntary Disclosure, Information Asymmetry, and Insider Selling Through Secondary Equity Offerings [J]. Contemporary Accounting Research, 1998, 15 (4): 505-537.

③ Clement M, Frankel R, Miller J. The Effect of Confirming Management Earnings Forecasts on Cost of Capital [J]. Working Paper, University of Texas at Austin and University of Michigan, 2000.

④ Bens Daniel A, Steven J Monahan. Disclosure Quality and the Excess value of Diversification [J]. Working Paper, SSRN, 2002.

⑤ 汪煒, 蔣高峰. 信息披露、透明度與資本成本 [J]. 經濟研究, 2004 (7).

披露數量方面，考察了上海股票市場上市公司信息披露與股權融資成本之間的關係。

曾穎、陸正飛（2006）① 以中國深圳證券市場 A 股上市公司為研究對象選取了 283 個公司作為研究樣本，研究中國上市公司的信息披露質量是否會對其股權融資成本產生影響。他們採用剩餘收益模型計算上市公司的邊際股權融資成本，同時兼顧中國上市公司信息披露的形式和內容，分別採用深交所上市公司信息披露評級指標與盈餘披露質量指標反應上市公司的信息披露質量。研究發現，在控制 β 系數、公司規模、帳面市值比、槓桿率、資產週轉率等因素的條件下，信息披露質量較高的樣本公司邊際股權融資成本較低，說明中國上市公司的信息披露質量會對其股權融資成本產生積極影響。研究還發現，盈餘平滑度和披露總體質量是影響樣本公司股權融資成本的主要信息披露質量特徵，盈餘平滑是樣本公司股權再融資之前盈餘管理的主要表現。

6.2 樣本公司資本成本計算

Modigliani、Miller（1958）② 和所羅門（1963）③ 都將資本成本定義為使企業預期未來現金流量的資本化價值等於企業當前價值的貼現率，其計量方法主要有兩種：所羅門（1963）提出的「加權平均資本成本法」和 Modigliani、Miller（1966）④ 提出的「平均資本成本法」。這兩種方法都涉及權益資本成本的度量。對於權益資本成本的估計，實證研究中主要有兩類做法。一類是基於市場風險的收益率模型，如利用資本資產定價模型 CAPM（Sharp, 1964⑤; Lintner, 1965⑥）來估計公司的權益資本成本。隨

---

① 曾穎、陸正飛. 信息披露質量與股權融資成本 [J]. 經濟研究, 2006（2）.

② Modigliani F, Miller M. The Cost of Capital, Corporation Finance, and the Theory of Investment [J]. American Economic Review, 1958, 48: 261-297.

③ 所羅門. 財務管理理論 [M]. 沃倫頓: 哥倫比亞出版社, 1963.

④ M Miller, F Modigliani. Some Estimates of the Cost of Capital to the Electic Utility Industry, 1954—1957 [J]. The American Economic Review, 1966.

⑤ Sharpe W. Capital Asset Prices: A Theory of Market Equilibrium under Conditions of Risk [J]. Journal of Finance, 1964, 19: 425-42

⑥ Lintner J. The Valuation of Risk Assets and the Selection of Risky Investments in Stock Portfolios and Capital Budgets [J]. Review of Economics and Statistics, 1965, 47: 13-37.

著資產定價理論的發展，套利定價理論 APT（Ross，1976）[1] 和三因素模型（Fama 和 French，1993）[2] 也逐漸在這一領域得到應用。然而，由於資產定價理論所要求的事前期望收益率是無法觀測的，實證研究中往往依據平均的已實現（事後）收益率來估算資本成本所需要的參數，這種做法所隱含的假設是：在有效的資本市場上，風險被適當地定價，平均已實現（事後）收益率是事前預期收益率的無偏估計量。另一類估計權益資本成本的方法是基於市場價格和公司財務數據的貼現模型。這種方法不是通過多元線性模型來刻畫預期收益率，而是更貼近於資本成本的定義，即設定投資者預期未來現金流量的現值等於當前價格的貼現率，在假設有關財務比率永續不變的情形下對權益資本成本的簡單估算，股利增長模型（Gordon 和 Shapiro，1956）[3]、經增長率和留存比例調整后的盈餘價格比 EP 都是這類模型。Ohlson（1995）[4] 以及 Feltham 和 Ohlson（1995）[5] 等在此基礎上推導出一種利用會計數據度量權益資本成本的方法，這種新的方法更為通用。Gebhardt、Lee 和 Swaminathan[6] 也於 2003 年提出基於同樣思路的「剩餘收益貼現模型」（Discounted Residual Income Model，以下簡稱 GLS 模型），其檢驗結果顯示，GLS 模型對權益資本成本的預測能力優於傳統的權益資本成本估計模型。Hail 和 Luzi（2003）[7] 比較了包括 GLS 模型在內的 4 種度量方法，他們發現這些方法的估算結果高度相關。陸正飛等（2004）[8] 認為 GLS 方法可以在稍加調整后應用於中國上市公司權益資本成本的估計上。本書主要採用 GLS 模型來估計上市公司的權益資本成本。

---

[1] Ross S. The Arbitrage Theory of Capital Asset Pricing [J]. Journal of Economic Theory, 1976, 13: 341-360.

[2] Fama E, K French. Common Risk Factors on the Returns of Stocks and Bonds [J]. Journal of Financial Economics, 1993, 33: 3-57.

[3] Gordon M, E Shapiro. Capital Equipment Analysis: the Required Rate of Profit [J]. Management Science, 1956, 3: 102-110.

[4] Ohlson J. Earnings, book values, and dividends in equity valuation [J]. Contemporary Accounting Research, 1995, 8: 1-19.

[5] Feltham G A, J A Ohlson. Valuation and clean surplus accounting for operating and financial activities [J]. Contemporary Accounting Research, 1995, 11: 689-731.

[6] Gebhardt W R, C M C Lee, B Swaminathan. Toward an Implied Cost of Capital [J]. Journal of Accounting Research, 2003, 39: 135-176.

[7] Hail L, C Luzi. International Differences in Cost of Capital: Do Legal Institutions and Securities Regulation Matter [J]. Working Paper, 2003.

[8] 陸正飛. 中國資本市場的公司財務研究：回顧與評論 [J]. 財會通訊, 2004 (5).

模型及具體計算過程如下：

按照 GLS 模型，假定公司的利潤和權益帳面價值由「乾淨盈餘」（clean surplus）會計方法來確定，則公司權益資本成本 r_e 可由式（1）計算得出：

$$P_t = B_t + \sum_{t=1}^{\infty} \frac{E_t(NI_{t+i} - r_e B_{t+i-1})}{1+r_e} = B_t + \sum_{t=1}^{\infty} \frac{E_t(ROE_{t+i} - r_e)B_{t+i-1}}{1+r_e} \qquad (1)$$

其中，P_t = 配股或增發價格減去單位股份的發行費用，B_t = 第 t 期的期初每股淨資產，$E_t[.]$ = 根據第 t 期信息所做的預測，NI_{t+i} = 第 t+i 期的淨利潤，ROE_{t+i} = 第 t+i 期的淨資產收益率（按 NI_{t+i}/B_{t+i-1} 計算）。

上式的計算期間理論上是按無窮期計算，但在實際計算過程中是按有限期預測，預測期以外的現金流量，是以一個終值來衡量。實際現金流量的預測期一般選取 3 期，公式變形如下：

$$P_t = B_t + \sum_{t=1}^{\infty} \frac{FROE_{t+1} - r_e}{1+r_e}B_t + \frac{FROE_{t+2} - r_e}{(1+r_e)^2}B_{t+1} + \frac{FROE_{t+3} - r_e}{(1+r_e)^3}B_{t+2} + TV \qquad (2)$$

其中，P_t = 配股或增發價格減去單位股份的發行費用，本書的實證採用 2005 年 5 月即 2004 年年報截止日後 1 月的股票平均股價數據作為替代，因為一個月左右的時間足以消化年報信息披露的影響。B_t = 第 t 期的期初每股淨資產（為剔除股權融資的影響，按 $B_{t+1} - (EPS_{t+1} - DPS_{t+1})$ 計算），B_{t+1} = 第 t 期期末每股淨資產，EPS_{t+1} = 第 t 期的每股淨利潤，DPS_{t+1} = 第 t 期的每股股利，$FROE_{t+i}$ = 第 t+i 期的預測淨資產收益率（由於中國沒有分析師的預測數據，以第 t+i 期的實際淨資產收益率替代），$B_{t+2} = B_{t+1} + EPS_{t+2} - DPS_{t+2}$。

上述公式中 2004 年以后的淨資產、淨利潤、股利發放嚴格說來應該用預測數據來計算。由於中國一般以上的股票沒有分析師預測數據，有分析師預測數據的，分析師之間的預測差異也比較大，數據可用性不強，因此 2004 年、2005 年的數據用實際數據替代，2006 年的數據用 2005 年的數據再考慮 3 年的平均增長率來計算。TV 為終值，其計算公式為：

$$TV = \sum_{t=4}^{11} \frac{FROE_{t+i} - r_e}{(1+r_e)^i}B_{t+i-1} + \frac{FROE_{t+12} - r_e}{r_e(1+r_e)^{r_e-1}}B_{t+11} \qquad (3)$$

Gebhardt、Lee 和 Swaminathan（2003）認為，該模型的預測區間應該不少於 12 期。本書採用 12 期進行預測，並假設從第 t+4 期至第 t+11 期的 ROE 數據從第四期開始直線迴歸至行業平均水平。本書中的行業平均淨資

產收益率採用 2002 年、2003 年、2004 年行業淨資產收益率的平均值來計算，股利發放率按照 1999 年、2000 年、2001 年、2002 年、2003 年共五年的平均股利發放率來計算。本研究的數據全部取自 Wind 數據庫，由於 ST 公司在證券市場上的特殊性，在樣本選取時全部排除，另外還排除了淨資產收益率明顯異常（大於正的 50% 以上或者低於負的 15% 的公司認定為異常）的樣本，此外也排除了過去五年平均股利發放率大於 100% 的公司。這樣，前述 119 家樣本公司排除 30 家公司后最后用於研究資本成本與信息披露質量的有效樣本數為 89 家，如附錄 3 所示。過去三年行業平均淨資產收益率的計算結果如表 6-1 所示。

表 6-1　　　　過去三年行業平均淨資產收益率計算表

行業名稱	淨資產收益率
房地產	7.930,68
批發零售	6.671,55
製造業	10.625,06
採掘業	10.853,84
交通運輸倉儲	8.498,96
社會服務	7.617,89
綜合類	6.946,99
電力水煤	11.688
農林牧業	9.806,77
訊息技術	7.837,8

利用 Excel 的求 IRR 的功能計算出樣本公司的資本成本，如表 6-2 所示。

表 6-2　　　　樣本公司資本成果計算結果表

證券代碼	證券簡稱	資本成本
36	華聯控股	0.055,417
69	華僑城 A	0.033,023
89	深圳機場	0.050,707
99	中信海直	0.054,974
410	沈陽機床	0.048,707

表6-2(續)

證券代碼	證券簡稱	資本成本
513	麗珠集團	0.056,318
518	四環生物	0.033,845
522	白雲山A	0.038,668
538	雲南白藥	0.012,897
558	萊茵置業	0.037,307
559	萬向錢潮	0.047,769
600	建投能源	0.038,247
608	陽光股份	0.064,69
657	中鎢高新	0.061,476
667	名流置業	0.060,323
712	錦龍股份	0.051,439
713	豐樂種業	0.049,026
717	韶鋼松山	0.064,11
726	魯泰A	0.058,878
767	漳澤電力	0.040,171
810	華潤錦華	0.048,046
819	S岳興長	0.031,822
848	承德露露	0.039,439
852	S江鑽	0.049,389
881	大連國際	0.057,86
888	峨眉山A	0.038,433
899	贛能股份	0.052,21
952	廣濟藥業	0.057,217
972	新中基	0.063,353
989	九芝堂	0.047,809
996	捷利股份	0.041,06
997	新大陸	0.020,198
600007	中國國貿	0.058,923
600010	包鋼股份	0.062,498
600072	江南重工	0.055,71
600095	哈高科	0.057,308

表6-2(續)

證券代碼	證券簡稱	資本成本
600100	同方股份	0.039,326
600108	亞盛集團	0.053,476
600111	稀土高科	0.045,472
600118	中國衛星	0.022,309
600121	鄭州煤電	0.054,61
600178	東安動力	0.067,448
600179	黑化股份	0.053,243
600185	海星科技	0.049,269
600218	全柴動力	0.055,954
600226	昇華拜克	0.059,834
600262	北方股份	0.067,273
600276	恒瑞醫藥	0.039,266
600337	美克股份	0.045,648
600350	山東高速	0.048,566
600351	亞寶藥業	0.038
600367	紅星發展	0.060,089
600393	東華實業	0.037,756
600395	盤江股份	0.063,123
600398	凱諾科技	0.072,587
600400	紅豆股份	0.058,165
600511	國藥股份	0.057,252
600533	栖霞建設	0.082,877
600561	江西長運	0.031,229
600592	龍溪股份	0.051,637
600620	天宸股份	0.046,237
600628	新世界	0.040,391
600635	大眾公用	0.058,802
600636	三愛富	0.044,316
600644	樂山電力	0.054,637
600649	原水股份	0.054,714
600655	豫園商城	0.063,305

表6-2(續)

證券代碼	證券簡稱	資本成本
600663	陸家嘴	0.057,862
600677	航天通訊	0.041,466
600688	S上石化	0.070,463
600710	常林股份	0.056,582
600724	寧波富達	0.023,449
600726	華電能源	0.064,973
600736	蘇州高新	0.065,938
600738	蘭州民百	0.037,73
600741	巴士股份	0.054,217
600765	力源液壓	0.035,312
600768	寧波富邦	0.011,544
600791	天創置業	0.052,041
600795	國電電力	0.057,167
600802	福建水泥	0.060,604
600809	山西汾酒	0.034,871
600812	華北制藥	0.036,347
600815	廈工股份	0.050,411
600837	都市股份	0.068,898
600850	華東電腦	0.026,786
600877	中國嘉陵	0.056,894
600884	杉杉股份	0.065,416

6.3 資本成本與訊息披露質量的實證關係檢驗

6.3.1 資本成本影響因素的實證文獻

傳統的CAPM模型認為，β系數是影響資本成本的唯一要素。即 $R_i = R_f + \beta \times (R_i - R_m)$，其中 R_i 為股票的未來收益率，R_f 為預期無風險收益率，R_m 為預期市場平均收益率。從上式可以看出，風險是影響資本市場權益資

本成本的唯一要素，即系統風險越大，權益資本成本越高。

　　Ross（1976）[1] 對公用事業公司的研究發現，CAPM 低估了真實的權益資本成本，不如 APT 模型對權益資本成本的估計可靠。Fama 和 French（1992，1993）[2] 注意到 CAPM 不能解釋規模（Banz，1981）[3]、財務槓桿（Bhanari，1988）[4]、面值市值比（Stattman，1980）[5] 和盈餘價格比（Basu，1983）[6] 等因素對截面平均收益率的影響，他們認為這些可以歸結為影響預期收益率（從另一個角度而言即為公司權益資本成本）的三大風險因素：市場風險、規模和面值市值比。

　　Gebhardt、Lee 和 Swaminathan（2003）[7] 採用線性迴歸模型，考察股票市場波動性、財務槓桿、信息環境、流動性、收益波動性、市場異常性和行業等因素與企業股權融資成本的關係。研究結果表明：行業特性、帳面市值比、長期增長率預測和分析師盈餘預測差異能夠較好地解釋企業的資本成本差異。

　　然而，這些基於特定資產定價模型的權益資本成本研究都受一定的前提假設所限制，比如零交易成本和信息對稱。相反，Brennan、Chordia 和 Subrahmanyam（1998）[8] 用平均交易量度量流動性。他們發現股票的收益率與流動性存在負相關關係，說明公司權益資本成本與交易成本具有一定

---

[1] Ross S. The ArbitrageTheory of Capital Asset Pricing [J]. Journal of Economic Theory 1976, 13: 341-360.

[2] Fama Eugene F, Kenneth R French. The cross-section of expected stock returns [J]. Journal of Finance, 1992, 47: 427-465.

[3] Banz R. The Relationship between Return and MarketValue of Common Stocks [J]. Journal of Financial Economics, 1981, 9: 3-18.

[4] Bhanari L. Debt Equity Ratio and Expected Common Stock Returns: Empirical Evidence [J]. Journal of Finance, 1988, 43: 507-528.

[5] Stattman D. Book Values and Stock Returns, The Chicago MBA [J]. A Journal of Selected Papers, 1980, 4: 25-45.

[6] Basu S. The Relationship between EarningsYield, Market Value, and Return for NYSE Common Stocks: Further Evidence [J]. Journal of Financial Economics, 1983, 12: 129-156.

[7] Gebhardt W, C Lee, B Swaminathan. Toward an Implied Cost of Capital [J]. Journal of Accounting Research, 2003, 39: 135-176.

[8] Brennan M, T Chordia, A Subrahmanyam. Alternative Factor Specifications, Security Characteristics, and the Cross section of Expected Stock Returns [J]. Journal of Financial Economics, 1998, 49: 345-373.

關係。Botosan（1997，2002）[①]、Welker（1995）[②]、Healy、Hutton 和 Palepu（1999）[③] 等則從信息不對稱理論出發，討論信息披露與資本成本之間的關係。他們的研究表明，信息披露以及與之相聯繫的公司透明度與公司資本成本之間存在顯著的負相關關係。Richardson 和 Welker（2001）[④] 將公司信息披露分為財務信息披露與社會信息披露兩類，分別考察其對企業融資成本的影響，研究發現：財務信息的披露有利於降低融資成本，而社會信息的披露反而引起資本成本的上升。

國內也有一些學者考察了資本成本的影響因素。葉康濤、陸正飛（2004）[⑤] 採用多元迴歸模型，考察了影響公司資本成本的因素，研究發現，雖然股票 β 系數是影響股權成本的主要因素，但其他變量（負債率、企業規模、帳面市值比）也是影響企業股權成本的重要因素。此外，不同行業的股權融資成本存在顯著差異，傳播文化、電子等新興產業股權成本較高，而其他傳統產業成本較低。經營風險、信息不對稱和代理問題並非影響企業股權成本高低的主要因素。

汪煒、蔣高峰（2004）[⑥] 以滬市公司 2002 年季報和臨時公告的數量作為公司自願信息披露的替代變量研究資本成本與自願信息披露質量的關係，在控制公司規模、財務槓桿兩個變量後，研究結果發現，自願信息披露的質量越高，公司股權融資成本越低。

曾穎、陸正飛（2006）[⑦] 以深市上市公司為研究樣本，以深交所上市公司信息披露評級作為信息披露質量的替代變量，研究上市公司資本成本與信息披露質量的關係。在控制 β 系數、公司規模、帳面市值比、槓桿率、資產週轉率等因素的情況下，上市公司信息披露質量與資本成本之間存在顯著的負相關關係。

[①] Botosan Christine. Disclosure Level and the Cost of Equity Capital [J]. Accounting Review, 1997, 72: 323-50. Botosan C., M. Plumlee. A Reexamination of Disclosure Level and the Expected Cost of Equity Capital [J]. Journal of Accounting Research, 2002, 40: 21-40.

[②] Welker M. Disclosure Policy, Information Asymmetry and Liquidity in Equity Markets [J]. Contemporary Accounting Research, 1995, 11: 801-828.

[③] Healy P M, Hutton A, Palepu K. Stock Performance and Intermediation Changes Surrounding Sustained Increases in Disclosure [J]. Contemporary Accounting Research, 1999, 16: 485-520.

[④] Richardson Alan J, Welker Michael. Social disclosure, financial disclosure and the cost of equity capital [J]. Accounting, Organizations & Society, 2001, 26 (7): 597-616.

[⑤] 葉康濤，陸正飛. 中國上市公司股權融資成本影響因素分析 [J]. 管理世界，2004 (5).

[⑥] 汪煒，蔣高峰. 信息披露、透明度與資本成本 [J]. 經濟研究，2004 (7).

[⑦] 曾穎，陸正飛. 信息披露質量與股權融資成本 [J]. 經濟研究，2006 (2).

6.3.2 研究假設及樣本設計

6.3.2.1 研究假設

假設1：信息披露總體質量越高，企業邊際融資成本越低。變量 X1 為信息披露系數。

假設2：企業自願信息披露質量越高，邊際融資成本越低。變量 X2 為自願信息披露系數。

6.3.2.2 控制變量

(1) 公司規模

一般而言，規模較大的企業更容易為公眾所瞭解，與外部投資者之間的信息不對稱程度較低時融資存在規模經濟，股權融資成本較低。Diamond 和 Verrecchia (1991)[①] 的研究表明，大企業更願意增加信息披露，因為其從融資成本降低上受益更多。預計公司規模與股權融資成本負相關，本書用公司資產的自然對數 (X3) 代表公司規模。

(2) 財務槓桿率

根據 Modigliani 和 Miller (1958) 的理論，股權融資成本應當與財務槓桿率成正比，Fama 和 French (1992)[②] 的研究也得出財務槓桿率和股票投資收益成正比的結論。因此，本書也將財務槓桿率 (X4) 作為控制變量，數據來源於 Wind 數據庫。

(3) 盈利水平

Lang 和 Lundholm (1993)[③] 的研究發現，那些信息披露評級較高的公司當期的盈利水平往往也較高（本書前面的研究也證明了這一點）。那麼，股權融資成本的高低就可能因為受到盈利水平的影響而無法確定信息披露是否產生作用。為了控制這一因素，Healy 等 (1999)[④] 在控制盈利水平的條件下，研究了信息披露和分析師預測分歧等變量之間的關係。本書引入盈利水平作為控制變量。由於股權融資成本計算過程中涉及了淨資產收益

[①] Diamond D, R Verrecchia. Disclosure, Liquidity, and the Cost of Equity Capital [J]. Journal of Finance, 1991, 46: 55-67.

[②] Fama Eugene F, Kenneth R French. The cross-section of expected stock returns [J]. Journal of Finance, 1992, 47: 427-465.

[③] Lang Mark, Lundholm Russell. Cross-Sectional Determinants of Analyst Ratings of Corporate Disclosures [J]. Journal of Accounting Research, 1993, 31 (2): 246-271.

[④] Healy P M, Hutton A, Palepu K. Stock Performance and Intermediation Changes Surrounding Sustained Increases in Disclosure [J]. Contemporary Accounting Research, 1999, 16: 485-520.

率和每股收益等盈利水平變量，本書採用資產收益率（ROA，X5）作為盈利水平的控制變量。

（4）資產週轉率

Ang 等（2000）[1] 認為，企業資產週轉率的高低反應了管理層在多大程度上能夠有效使用公司資產，因此資產週轉率可以作為企業經營效率的代表。企業的經營效率越高，投資者進行投資的風險越小，因而要求的投資回報率較小，企業的股權融資成本較低。葉康濤、陸正飛（2004）[2] 認為，企業資產週轉率越低，表示企業的代理問題越嚴重，從而股權融資成本越高。本書將資產週轉率（X6）作為控制變量，並預計資產週轉率與股權融資成本負相關。

（5）經營風險

企業的經營風險越高，投資者的未來收益風險越大，要求的資本回報率越高。本書採用經營槓桿率（X7）作為經營風險的衡量指標。

（6）代理問題

傳統的代理理論認為，一股獨大會損害公司的價值，導致公司風險加大，資本成本會上升。但也有相反的研究證據表明，股權的相對集中有利於加強大股東對管理層監督的動力，從而減少代理問題的危害程度，股權的相對集中有利於提升公司價值。根據第三章的研究結論，股權的相對集中有利於增加公司的透明度從而降低資本成本，因此，大股東持股比例（X8）的增加對資本成本的影響方向不能確定。

（7）帳面市值比

Fama 和 French（1992）[3] 認為，若公司的帳面市值比較高，表明這些公司的系統風險較高，或表明這些公司的股價被市場所低估，這意味著 B/M（X9）較高的公司股權融資成本也越高。

（8）公司成長性

Gebhardt、Lee 和 Swaminathan（2003）[4] 認為，成長性高的公司面臨的未來不確定性較強，風險較大，因此要求的股權融資成本越高。本書用主營業務收入增長率（X10）作為衡量公司成長性的替代變量。

---

[1] Ang J S, Cole R, Lin J. Agency Costs and Ownership [J]. Journal of Finance, 2000, 55 (1).

[2] 葉康濤，陸正飛. 中國上市公司股權融資成本影響因素分析 [J]. 管理世界, 2004 (5).

[3] Fama Eugene F, Kenneth R French. The cross-section of expected stock returns [J]. Journal of Finance, 1992, 47: 427-465.

[4] Gebhardt W, C Lee, B Swaminathan. Toward an Implied Cost of Capital [J]. Journal of Accounting Research, 2003, 39: 135-176.

(9) 流動性

投資者購買股票時，要考慮其收益和風險，股票的流動性也是其要考慮的重要因素。一般而言，流動性好的股票更容易受到投資者的追捧，股價較高企業的股權融資成本則相應降低。本書選取股票的換手率（X11）作為衡量流動性的主要指標。

(10) β系數

以往幾乎所有的同類研究都採用了β系數作為控制變量，並且實證結果也都顯示β系數與股權融資成本正相關。β系數的含義比較豐富，Malkiel（1997）[1]認為企業未來的投資回報應當與β系數正相關，Botosan（1997）[2]認為β系數代表了股票的風險程度，Gebhardt等（2001）[3]認為β系數代表了股票的市場波動性。可以預計β系數與邊際股權融資成本呈正相關。本書採用的β系數（X12）來自於Wind數據庫根據過去100周交易數據計算的數據。

6.3.2.3 樣本選取

樣本是計算資本成本所用的89個樣本公司，樣本控制變量的數據來源於Wind數據庫。

6.3.3 資本成本與總體信息披露質量研究結論

將樣本公司及控制變量的數據輸入Eviews統計軟件，控制變量之間的自相關係數矩陣如表6-3所示。

---

[1] Malkiel Burton G, Yexiao Xu. Risk and return revisited [J]. Journal of Portfolio Management, 1997, 23 (3): 9.

[2] Botosan Christine. Disclosure Level and the Cost of Equity Capital [J]. Accounting Review, 1997, 72: 323-50.

[3] Gebhardt William R, Lee Charles M C, Swaminathan Bhaskaran. Toward an Implied Cost of Capital [J]. Journal of Accounting Research, 2001, 39 (1): 135-176.

表 6-3 控制變量自相關係數矩陣

	X1	X3	X4	X5	X6	X7	X8	X9	X10	X11	X12
X1	1	0.210,604,59	-0.040,014,38	0.330,233,22	0.144,069,40	-0.074,154,24	0.104,827,64	-0.235,497,83	-0.055,254,05	0.041,117,49	0.036,483,02
X3	0.210,604,59	1	0.175,088,08	0.141,459,12	0.001,813,04	0.233,687,00	0.114,944,68	0.267,218,22	-0.105,791,75	0.042,628,04	0.425,401,46
X4	-0.040,014,38	0.175,088,08	1	-0.155,110,79	0.167,477,35	-0.106,785,81	-0.282,040,66	-0.259,149,75	0.206,749,84	0.099,445,96	-0.011,025,94
X5	0.330,233,22	0.141,459,12	-0.155,110,79	1	0.168,669,22	0.036,744,47	0.254,383,86	-0.262,275,39	-0.071,286,05	0.131,670,14	-0.062,000,04
X6	0.144,069,40	0.001,813,04	0.167,477,35	0.168,669,22	1	-0.120,807,64	0.106,616,00	-0.101,907,06	-0.088,154,65	0.259,774,64	0.058,745,91
X7	-0.074,154,24	0.233,687,00	-0.106,785,81	0.036,744,47	-0.120,807,64	1	0.004,918,39	0.018,770,00	-0.003,053,55	-0.036,269,44	0.087,427,11
X8	0.104,827,64	0.114,944,68	-0.282,040,66	0.254,383,86	0.106,616,00	0.004,918,39	1	0.229,415,77	-0.080,204,71	0.184,288,07	0.138,216,37
X9	-0.235,497,83	0.267,218,22	-0.259,149,75	-0.262,275,39	-0.101,907,06	0.018,770,00	0.229,415,77	1	-0.159,472,06	-0.195,742,22	0.369,292,82
X10	-0.055,254,05	-0.105,791,75	0.206,749,84	-0.071,286,05	-0.088,154,65	-0.003,053,55	-0.080,204,71	-0.159,472,06	1	0.133,289,30	-0.028,344,08
X11	0.041,117,49	0.042,628,04	0.099,445,96	0.131,670,14	0.259,774,64	-0.036,269,44	0.184,288,07	-0.195,742,22	0.133,289,30	1	0.319,372,39
X12	0.036,483,02	0.425,401,46	-0.011,025,94	-0.062,000,04	0.058,745,91	0.087,427,11	0.138,216,37	0.369,292,82	-0.028,344,08	0.319,372,39	1

從表6-3中可以看出，所有解釋變量之間的相關係數都不超過0.5，說明模型基本不存在多重共線性干擾。

將資本成本與除解釋變量X2外的變量進行多元線性迴歸，迴歸結果如表6-4所示。

表6-4　　　　　　　資本成本與訊息披露質量多元回歸表

Variable	Coefficient	Std. Error	t-Statistic	Prob.
C	-0.023,974	0.024,296	-0.986,749	0.326,9
X1	-0.024,412	0.013,016	-1.875,490	0.064,6
X3	0.001,600	0.001,353	1.182,848	0.240,6
X4	0.008,813	0.006,018	1.464,465	0.147,2
X5	0.000,945	0.000,218	4.331,065	0.000,0
X6	-0.006,065	0.002,552	-2.376,254	0.020,0
X7	-0.006,809	0.004,414	-1.542,627	0.127,1
X8	-0.000,152	5.98E-05	-2.541,932	0.013,1
X9	0.059,472	0.008,577	6.933,832	0.000,0
X10	-0.000,134	0.000,352	-0.381,356	0.704,0
X11	8.27E-06	9.32E-06	0.886,969	0.377,9
X12	0.017,033	0.005,663	3.007,615	0.003,6
R-squared	0.657,937	Mean dependent var		0.049,830
Adjusted R-squared	0.608,428	S. D. dependent var		0.013,455
S. E. of regression	0.008,419	Akaike info criterion		-6.590,414
Sum squared resid	0.005,387	Schwarz criterion		-6.252,595
Log likelihood	301.978,2	F-statistic		13.289,21
Durbin-Watson stat	2.009,508	Prob（F-statistic）		0

從表6-4中結果可以看出，模型F統計量的伴隨概率為P=0，說明模型的聯合解釋力很強。從各個變量與資本成本的關係看，假設1在10%的概率水平下顯著，假設1得到實證結論的支持，即信息披露質量越高，資本成本越低。從控制變量看，控制變量X5、X6、X8、X9、X12與資本成本的關係顯著，即資產週轉率越高，資本成本越低；B/M值越高，資本成本越高；β係數越大，資本成本越高等。但X5與變量的符號與假設預期

的相反。其他控制變量中，公司規模 X3、經營風險 X7、股票流動性 X11 符號的方向與假設並不相符。其他變量 X4（財務槓桿）、X10（公司成長性）的符號與假設的經濟意義一致。因此，實證研究結果表明：隨著公司信息透明度的提高，公司資本成本會顯著下降。

6.3.4 資本成本自願訊息披露質量的研究結論

前述的國內與國外有關研究表明，上市公司的自願信息披露質量提高有助於降低資本成本。本書以上市公司資本成本作為被解釋變量，自願信息披露系數 X2 作為自變量，X3 至 X12 作為被控制變量進行迴歸，以探測自願信息披露質量的提高與資本成本的關係。迴歸結果如表 6-5 所示。

表 6-5　　　資本成本自願訊息披露質量多元回歸結果

Variable	Coefficient	Std. Error	t-Statistic	Prob.
C	-0.034,965	0.024,815	-1.409,001	0.162,9
X2	-0.009,426	0.006,156	-1.531,139	0.129,9
X3	0.001,534	0.001,374	1.115,799	0.268,0
X4	0.008,512	0.006,143	1.385,587	0.169,9
X5	0.000,925	0.000,219	4.225,273	0.000,1
X6	-0.006,238	0.002,566	-2.430,620	0.017,4
X7	-0.007,020	0.004,512	-1.555,847	0.123,9
X8	-0.000,157	6.01E-05	-2.608,299	0.011,0
X9	0.060,353	0.008,646	6.980,147	0
X10	-0.000,160	0.000,355	-0.451,126	0.653,2
X11	8.79E-06	9.38E-06	0.936,928	0.351,8
X12	0.016,936	0.005,708	2.967,005	0.004,0
R-squared	0.652,815	Mean dependent var		0.049,830
Adjusted R-squared	0.602,565	S. D. dependent var		0.013,455
S. E. of regression	0.008,482	Akaike info criterion		-6.575,551
Sum squared resid	0.005,468	Schwarz criterion		-6.237,733
Log likelihood	301.324,3	F-statistic		12.991,24
Durbin-Watson stat	1.960,210	Prob（F-statistic）		0

可以發現，迴歸的結果和總體信息披露與資本成本的關係的實證結果非常類似。資本成本與自願信息披露的負向關係在 13%的相伴概率下成立，即自願性信息披露有助於降低資本市場的融資成本。其他控制變量與資本成本的關係如顯著性、迴歸係數的符號等與總體信息披露與資本成本的關係的實證結果基本相同。此處不再贅述。

6.3.5　資本成本與盈餘管理程度的關係

根據第四章考察的公司信息披露質量與盈餘管理的負相關關係可以推論出，企業盈餘披露質量越高（即操控性利潤占期初總資產比例越低），資本市場的反應就越好，資本成本就越低。因此提出：

假設 3：操控性應計利潤占上期末總資產比例越高（盈餘操縱係數），資本成本越高。

本文將第四章計算出的樣本公司的盈餘操縱係數作為解釋變量 X1，控制變量 X3 至 X12 保持不變，通過多元迴歸分析驗證盈餘質量與資本成本的關係，結果如表 6-6 所示。

表 6-6　　　　　資本成本與盈餘管理多元迴歸結果表

Variable	Coefficient	Std. Error	t-Statistic	Prob.
C	−0.035,139	0.023,584	−1.489,960	0.140,4
X1	0.044,319	0.015,048	2.945,055	0.004,3
X3	0.001,371	0.001,269	1.080,075	0.283,5
X4	0.004,064	0.006,174	0.658,351	0.512,3
X5	0.000,657	0.000,223	2.943,665	0.004,3
X6	−0.005,024	0.002,516	−1.997,143	0.049,4
X7	−0.001,493	0.004,406	−0.338,877	0.735,6
X8	−0.000,198	5.92E−05	−3.345,558	0.001,3
X9	0.059,867	0.008,043	7.443,522	0
X10	−0.000,149	0.000,341	−0.435,925	0.664,1
X11	1.29E−05	9.01E−06	1.428,105	0.157,4
X12	0.016,908	0.005,476	3.087,533	0.002,8
R-squared	0.678,766	Mean dependent var		0.049,830
Adjusted R-squared	0.632,271	S. D. dependent var		0.013,455

表6-6(續)

Variable	Coefficient	Std. Error	t-Statistic	Prob.
S. E. of regression	0.008, 159	Akaike info criterion		-6.653, 238
Sum squared resid	0.005, 059	Schwarz criterion		-6.315, 419
Log likelihood	304.742, 5	F-statistic		14.598, 86
Durbin-Watson stat	1.971, 741	Prob (F-statistic)		0

從上表中的結果可以看出，整個模型對資本成本的解釋力非常顯著，F統計量的相伴概率 P=0。資本成本 Y 與解釋變量 X1 的正向相關關係在 0.2%的水平下顯著，假設3得到有力的證明，即盈餘質量越好，資本市場成本越低。此外還可以看出，其他控制變量與資本成本的關係與前面的信息披露系數以及自願信息披露系數與資本成本的關係的實證結果基本相同。

6.4 資本成本與訊息披露的及時性

信息披露的及時性也是表徵資本市場信息披露質量非常重要的指標，投資者是否重視該指標進而有利於公司資本成本的降低也是一個值得研究的問題。

6.4.1 上市公司訊息披露即時性的國內實證文獻

程小可、王化成（2004）[1] 利用滬市 100 個上市公司的數據研究證明：規模越大的上市公司，年報披露時間越晚。年報披露時間（絕對時間）與盈餘消息類型負相關，好消息偏向於更早披露，壞消息偏向於更晚披露。盈餘披露及時性影響盈餘的質量，這種影響是顯著的，即盈餘披露越及時（不及時），市場反應越大（越小）。

王建玲（2004）[2] 的研究表明，審計意見與年報披露存在非常顯著的負相關關係，而且審計意見越嚴重，年報披露的及時性越差。

---

[1] 程小可. 年度盈餘披露的及時性與市場反應——來自滬市的證據 [J]. 審計研究，2004 (2).

[2] 王建玲. 上市公司年度報告及時性與審計意見 [J]. 預測，2004 (4).

李維安、唐躍軍等（2006）① 以 2000—2003 年共 4,147 個樣本的研究表明，在同等條件下，未預期盈利為正、本年度和上一年度未被出具非標準審計意見以及企業業績好的上市公司年報披露越及時。同時，財務槓桿高、更換會計師事務所、規模大的上市公司年報遲滯時間久，而被審計者規模和公司上市的證交所對年報披露時間沒有顯著影響。

巫升柱、王建玲等（2006）② 對中國上市公司 1993—2003 年間公布的 8,294 份年度報告披露時間進行多元迴歸分析的研究表明，除盈利公司比虧損公司更及時地公布其年度報告外，標準無保留審計意見公司也較非標準無保留意見的公司更及時地披露其年度報告，證實了中國股票市場存在「好消息早，壞消息晚」的披露規律。

上述研究基本證實了兩個觀點：一是「好消息早，壞消息晚」的證券市場「信號顯示」效應成立；二是證券市場從盈餘反應系數角度對消息的及時性有反應，信息披露越及時，盈餘反應越強烈。

因此，本書試圖從信息披露的及時性與資本成本的關係來證明證券市場會通過降低資本成本的方式來獎勵信息披露及時的公司。

6.4.2 年報披露及時性與資本市場成本

6.4.2.1 研究假設

假設 4：信息披露越及時，上市公司資本成本越低。

6.4.2.2 樣本設計

被解釋變量：上市公司資本成本。

解釋變量：上市公司信息披露的及時性，變量為 X1，用信息披露的滯後日期作為年報信息披露及時性的替代變量，具體計算為用資產負債表日至年報披露日之間的時間間隔除以年報法定披露的截至期間 120 天，根據假設，X1 越小，資本成本越低。X1 的數據計算來自於 Wind 數據庫。年報的具體滯后統計參見附錄 4。

控制變量 X3—X12 仍然採用前面的數據。

多元迴歸的結果如表 6-7 所示。

---

① 唐躍軍，李維安，謝仍明. 大股東制衡機制對審計約束有效性的影響 [J]. 會計研究，2006（7）.

② 巫升柱. 中國上市公司年度報告披露及時性實證研究 [J]. 會計研究，2006（2）.

表 6-7　　　資本成本與訊息披露的即時性多元回歸結果

Variable	Coefficient	Std. Error	t-Statistic	Prob.
C	−0.027,527	0.024,760	−1.111,763	0.269,7
X1	−0.001,748	0.004,732	−0.369,371	0.712,9
X3	0.000,969	0.001,345	0.720,601	0.473,4
X4	0.010,146	0.006,226	1.629,539	0.107,3
X5	0.000,848	0.000,245	3.459,048	0.000,9
X6	−0.006,582	0.002,593	−2.538,605	0.013,2
X7	−0.005,363	0.004,439	−1.208,002	0.230,8
X8	−0.000,156	6.20E−05	−2.508,378	0.014,3
X9	0.064,067	0.008,426	7.603,216	0
X10	−0.000,127	0.000,360	−0.353,225	0.724,9
X11	9.85E−06	9.56E−06	1.030,368	0.306,1
X12	0.016,047	0.005,783	2.774,881	0.006,9
R-squared	0.642,747	Mean dependent var		0.049,830
Adjusted R-squared	0.591,039	S. D. dependent var		0.013,455
S. E. of regression	0.008,604	Akaike info criterion		−6.546,964
Sum squared resid	0.005,627	Schwarz criterion		−6.209,145
Log likelihood	300.066,4	F-statistic		12.430,39
Durbin-Watson stat	1.950,815	Prob（F-statistic）		0

　　從上表中的結果可以看出，雖然年報披露的滯后性與資本成本是反向變動關係，但沒有得到統計意義上的驗證，假設4沒有得到驗證，即上市公司信息披露越及時，資本成本未必越低。

7 訊息披露質量與資本市場流動性

　　信息披露質量越高，信息披露越透明，投資者股票投資預測的風險就越小，要求的資本回報也會越低，且會減少證券市場股票的買賣價差並創造更多的交易活躍性，即資本市場股票的流動性變強。國外的規範研究與實證研究證明了這一點。

7.1　訊息披露質量與資本市場流動性文獻綜述

7.1.1　國外文獻

　　Demsetz（1968）[1]、Copeland 和 Galai（1983）[2]、Amihud 和 Mendelson（1986）[3]、Diamond 和 Verrecchia（1991）[4] 通過推理分析相繼提出透明度增加將提高公司股票的流動性，從而降低了權益資本成本和證券交易成本的觀點。

　　一些學者則對證券市場信息披露與市場流動性之間的關係進行了實證研究。

---

[1] Demsetz H. The Cost of Transacting [J]. Quarterly Journal of Economics, 1968, 82: 33-53.
[2] Copeland T, D Galai. Information Effects on the Bid Ask Spreads [J]. Journal of Finance, 1983, 38: 1457-1469.
[3] Amihud Y, Mendelson H. Asset Pricing and the Bid Ask Spread [J]. Journal of Financial Economics, 1986, 17 (2): 223-249.
[4] Diamond D, Verrecchia R. Disclosure, Liquidity, and the Cost of Capital [J]. Journal of Finance, 1991, 46 (4): 1325-1359.

Welker（1995）[①] 通過實證分析得出公司財務披露水平與公司的買賣價差以及債務成本之間存在著明顯的負相關關係，進一步論證了透明度水平越高的公司在證券市場上的買賣價差越小，即資本成本中的信息不對稱部分更小。

Healy、Hutton、Palepu（1999）[②] 提出，公司披露水平的持續、穩定提高有助於提高公司股票的流動性與信用水平；利用德國證券市場的上市公司樣本，Leuz 和 Verrecchia（2000）[③] 論證了在排除各種公司特徵和披露政策的情況下，與通用會計準則（GAAP）相比，國際會計準則（IAS）大大降低了公司股票的買賣價差，提高了股票的收益率。

Healy、Hutton 和 Palepu（1999）調查公司提高自願性信息透明度是否可獲得來自資本市場的利益，以 AIMR 所公布的信息披露評等中具有持續提高披露評等的公司為研究對象，提出增加信息披露存在兩個主要利益——可矯正被錯誤評價的公司和增加機構法人的興趣及股票的流動性。他們發現在加入控制變量后，披露評等的提高伴隨著樣本公司股價報酬、股票流動性的提高，增加信息披露將使投資人修正被高估的企業價值並提高流動性、創造額外的機構法人及分析師的興趣。筆者更進一步探討了公司增加信息披露的時點，發現當公司有資金需求即將要對資本市場籌資及管理者所持有的選擇權履約時，都將使管理者有動機提高信息披露。

Heflin、Shaw 和 Wild（2001）[④] 尋找披露質量、信息不對稱及市場流動性間的關係，發現高披露質量公司具備較低且有效率的買賣價差及逆選擇價差特徵，表明較高披露質量公司的信息不對稱情形較少。高透明度公司吸引較多的流動性交易者及造市競價者，他們擁有比專業經理人更佳的報價及更小的交易規模，導致公司透明度與市場流動性產生關聯，其中會計信息扮演重要的角色，而不是管理者私下與分析師間所交流的信息，因此所有投資人都可獲得的會計信息質量的提升將是降低信息不對稱的主因。

[①] Welker M. Disclosure Policy, Information Asymmetry and Liquidity in Equity Markets [J]. Contemporary Accounting Research, 1995, 11: 801-828.

[②] Healy P M, Hutton A, Palepu K. Stock Performance and Intermediation Changes Surrounding Sustained Increases in Disclosure [J]. Contemporary Accounting Research, 1999, 16: 485-520.

[③] Leuz C, R E Verrecchia. The Economic Consequences of Increased Disclosure [J]. Journal of Accounting Research, 2000, 18: 456-478.

[④] Heflin Frank, Shaw Kenneth W. Adverse Selection, Inventory-Holding Costs, And Depth [J]. Journal of Financial Research, 2001, 24 (1): 18, 65.

Heflin、Shaw 和 Wild（2005）① 以買賣價差與交易深度作為市場流動性的衡量指標，以財務分析師列舉的公司信息披露政策數量作為信息披露質量的替代指標，研究公司信息披露政策與股票市場流動性的關係。研究結果發現，高披露質量有助於降低買賣價差但同時也降低了交易深度，在將買賣價差與交易深度結合作為衡量市場流動性的指標後，得出的結論支持高信息披露質量有助於提高股票市場流動性。

Krishnamurti Chandrasekhar、Šević Aleksandar、Željko② （2005）以新興市場國家公司在世界主要資本市場跨國上市的公司樣本作為研究對象，研究這些來自於公司治理環境較差國家的公司面臨主要資本市場更加嚴格的信息披露環境時的自願信息披露政策與市場流動性的關係，研究發現高自願信息披露質量公司具備較低且有效率的買賣價差、更好的交易深度以及逆選擇價差的特徵。

Matoussi Hamadi、Karaa Adel、Maghraoui Randa（2004）③ 以 BVMT 市場上市公司為樣本的研究結果表明，在買賣價差、交易深度、交易深度買賣價差比率為代表的流動性衡量指標中，買賣價差與信息披露質量負相關，其他兩個比率則剛好相反，與發達市場研究結果基本相同。

7.1.2　國內文獻

國內研究信息披露與證券市場流動性的很少見，只有王春峰、王燕（2004）④ 研究了股利信息披露與市場流動性的關係，其論文將股利事件分為宣告期、發放期以及發放後日期。研究結果發現：在股利公告期，市場價差與交易深度都明顯高於其他期間，前者與一般實證結論不符，而後者與國外實證研究結論相符。

---

① Heflin, Shaw, Wild. Disclosure Policy and Market Liquidity: Impact of Depth Quotes and Order Sizes [J]. Contemporary Accounting Research, 2005, 22 (4): 829-865.

② Krishnamurti Chandrasekhar, Šević Aleksandar, Željko. Voluntary disclosure, transparency, and market quality: Evidence from emerging market ADRs [J]. Journal of Multinational Financial Management, 2005, 15 (4): 435-454.

③ Matoussi Hamadi, Karaa Adel, Maghraoui Randa. Information Asymmetry, Disclosure Level and Securities Liquidity in the BVMT [J]. Finance India, 2004, 18 (1): 547-557.

④ 王春峰. 信息的價格和流動性效應 [J]. 天津大學學報（社會科學版），2004（2）.

7.2 市場流動性的定義與度量

7.2.1 市場流動性的定義

市場流動性不僅是一個變現問題，而且涉及是否能通過市場準確地反應金融資產的預期價值，因此市場流動性是一個包含多層含義的概念，很難對其給出一個全面的定義。

學術界對流動性的界定通常是根據研究需要而側重於流動性的某一方面。Tobin 首先提出了金融資產流動性的概念，認為如果賣方希望立即出售其所持有的金融資產，賣方可能損失的程度就代表該資產流動性的好壞。

Demsetz（1968）[1] 首次從動態的角度分析了在資產價格形成過程中買賣價差產生的原因，提出了基於買賣報價差（Bid Ask Spread）和交易即時性的流動性概念。Bagehot（1971）[2] 認為，判斷一個市場是否流動需要考慮這樣幾個因素：由於信息不對稱而存在逆向選擇的影響，交易對價格的影響，以及由於做市商的定價策略而導致交易成本的部分。Black（1971）[3] 認為，市場有流動性是指任何數量的證券均可立即買進或賣出，或者說小額買賣可按接近目前市場價格、大額買賣在一定時間內可按接近目前市場價格的平均值成交。Kyle（1985）[4] 把流動性看成一個含糊、難以捉摸的概念，因為其包含了許多市場交易特徵，如密度、深度、即時性和彈性等。Lippman 和 McCall（1986）[5] 指出，若某資產能以可預期的價格迅速出售，則該資產具有流動性。Amihud 和 Mendelson（1989）[6] 認為，流動性是在一定時間內完成交易所需的成本，或尋找一個理想的價格所需

---

[1] Demsetz H. The Cost of Transacting [J]. Quarterly Journal of Economics, 1968, 82: 33-53.
[2] Bagehot W. The Only Game inTown [J]. Financial Analysts Journa, 1971, 127: 12-14.
[3] Black F. Toward a Fully Automated Stock Exchange [J]. Financial Analysts Journal, 1971, 27: 35-44.
[4] Kyle A. Continuous Auctionsand Insider Trading [J]. Econometrica, 1985, 53: 1315-1335.
[5] Lippman Steven A, McCall John J. An Operational Measure of Liquidity [J]. American Economic Review, 1986, 76 (1) 13, 43.
[6] Amihud Yakov, Mendelson Haim. Index and Index-Futures Returns [J]. Journal of Accounting, Auditing & Finance, 1989, 4 (4): 415-431.

用的時間。Harris（1990）① 指出，如果投資者在其需要的時候能夠以較低的交易成本買進或賣出大量股票而對價格產生較小影響的話，則稱市場具有流動性。Glen（1994）② 把流動性界定為迅速交易且不造成大幅價格變化的能力。Massimb 和 Phelps（1994）③ 把流動性概括為「為進入市場的訂單提供立即執行交易的一種市場能力」和「執行小額市價訂單時不會導致市場較大幅度變化的能力」。

綜上所述，當一種資產和現金能夠以較小的交易成本迅速相互轉換，我們說該資產具有流動性。而市場流動性則可以定義為市場迅速完成一定數量指令的交易能力，包括交易即時性、交易成本以及交易影響力等。其中：在時間上能夠即時進行交易的市場具有較高的流動性；市場中投資者買入或賣出資產的價格偏離當時市場價格的程度越小，市場的流動性越強；大量交易不會導致價格的惡化或顯著變動的市場流動性強。

7.2.2 股票市場流動性的度量方式

根據前述流動性的定義，可以認為，證券市場的流動性至少包括以下四個維度的特徵。

（1）速度（交易時間）

速度主要是指證券市場交易的及時性。從這一維度度量，證券市場的投資者只要有交易的慾望，通常可以立即得到滿足。

（2）緊度（交易成本）

在滿足及時性的維度下，交易必須以盡可能小的成本完成。流動性意味著買賣某一證券的價格必須等於或接近於居於主導地位的市場價格。

（3）深度（交易數量）

流動性的第三維度是數量上的限制，即較大數量的交易可以按照合理的價格及時進行。

（4）彈性

由於較大數量的交易易於引起證券市場價格的較大波動，因此引進第四維度，即因為較大數量的交易及時進行后證券價格向均衡價格恢復的

---

① Harris L. Liquidity, Trading Rules and ElectronicTrading Systems [J]. Monograph series, in Finance and Economics4, 1990.

② Glen J. An Introduction to the Microstructure of Emerging Markets [J]. International Finance Corporation working paper, 1994.

③ Massimb Marcel N, Phelps Bruce D. Electronic Trading, Market Structure and Liquidity [J]. Financial Analysts Journal, 1994, 50 (1): 39-50.

速度。

證券市場流動性指標的四個維度彼此並不獨立，由於較大數量的訂單執行往往會影響交易價格的變動，因此緊度與深度指標往往是反向變動的。

根據以往關於流動性指標度量的研究，考慮流動性指標的四維特性，主要從以下指標來刻畫證券市場的流動性。

(1) 與交易量相關的度量方法

與交易量相關的度量方法主要計算單位時間內的成交量或成交金額。通常用來刻畫流動性的深度。基於交易量的流動性計算的主要指標有成交量、成交金額、市場深度、對數深度與換手率等指標。其中：市場深度是指指令簿上的最佳賣方與買方訂單數量之和；對數深度是指指令簿上的最佳賣方與最佳買方訂單數量的對數和；換手率的計算公式有兩種：一種是用交易量除以總流通股股數，二是交易金額除以流通市值。

(2) 與時間相關的流動性度量方法

與時間相關的流動性度量方法說明交易和訂單發生的頻率，主要包括單位時間的交易次數和訂單次數。

(3) 與價差相關的度量方法

除了繳納佣金與稅費之外，交易者必須繳納價差作為立即執行交易的成本。基於價差的流動性度量方法主要從流動性的緊度屬性演變而來，主要包括絕對價差、相對價差與有效價差。

絕對價差是最低的賣價與最高的買價之間的差額，為了改善分佈屬性也可以取對數差額。相對價差是用絕對價差除以中間價格。相對價差出現幾種變形，包括用最后交易價格計算的相對價差、對數價格的相對價差、對數價格的對數相對價差等。有效價差等於交易價格減去買賣報價的中間值后的絕對價值，與相對價差一樣，有效價差也存在幾種變形。

(4) 價量結合的度量方法

價量結合的度量方式主要是將交易量與交易價格結合起來反應市場流動性，也是具有彈性的概念。價量結合的度量方式主要有報價斜率與流動比率等方式。

報價斜率等於絕對價差除以買方訂單與賣方訂單數量的對數和。報價斜率越高表示流動性越低，報價斜率越低表示流動性越高，報價斜率有對數報價斜率與調整的對數報價斜率等變形。

流動比率則分別將流通量與收益率或交易量與收益率聯繫起來，流動性比率主要包括 Amivest 流動性比率、Martin 流動性比率、Hui Heubel 流動

性比率、Marsh Rock 流動性比率等。

7.2.3 本書研究採用的流動性度量方式

本書研究證券市場流動性與信息披露質量的關係，主要研究年度報告披露時間窗口內股票市場的反應情況以及不同年度報告信息披露質量下股票市場流動性水平的差異情況，不需要研究股票市場日內流動性差異，因此並不需要基於高頻數據為計算基礎的短期流動性計量模式。為簡便起見，本書採用價量結合的流動比率——修正的 Martin 流動性比率來衡量中國股票市場的流動性。馬丁比率與修正的馬丁比率公式如下：

$$L = \frac{(P_t - P_{t-1})^2}{V_t} \tag{1}$$

$$L_1 = \frac{|(P_t - P_{t-1})/P_{t-1}|}{T_t}, \quad T_t = \frac{V_t}{N} \tag{2}$$

其中，L 是馬丁指數，L_1 是對馬丁指數改進后的流動性指標，P_t、P_{t-1} 分別是股票在 t 日、t-1 日的收盤價，V_t 是股票在 t 日的交易量，T_t 是股票在 t 日的換手率，N 是股票的流通股股數。新的流動性指標 L_1 的分子是價格的相對變化，分母是換手率，其含義是單位資產換手率給價格帶來的影響。可以看出，當換手率一定的時候，價格變化越大，指標值越大，說明流動性越差；價格變化越小，指標值越小，流動性就越好，即 L_1 越大，股票的市場流動性越差。這樣定義的流動性指標沒有量綱，消除了絕對價格和流通股本的影響，不同股票之間具備了可比性。

7.3 樣本選取與研究設計

7.3.1 樣本選取

本章主要研究上市公司信息披露質量與股票市場流動性的關係，信息披露質量可以採用第二章信息披露質量評價的樣本與結果。為了更加客觀，本章採用了另外一種可能更加客觀的評價方式，即採用深圳上市公司的樣本。深交所從 2001 年開始，每年在年度報告披露審查之後，根據審查結果對所轄上市公司的信息披露採用得分的方式，從信息披露的及時性、完整性、合規性三個方面對上市公司的信息披露情況打分，並且分為優

秀、良好、及格、不及格四個等級在深交所網站上公開披露。因此，本書從 2004 年在深交所上市的公司中選取樣本。

深市 2004 年上市公司信息披露評價為優秀的公司為 30 家，剔除 2 家年報公告期交易數據缺失的公司，共取樣本 28 家；信息披露評級為良好的公司為 303 家，採用等距抽樣的方式抽取 60 家，排除其中 7 家報告期交易數據缺失的公司，共取樣本 53 家；信息披露評級為及格的公司共有 147 家，採用等距抽樣的方式抽取 36 家，排除信息公告期間交易數據缺失的公司 11 家，共取樣本 25 家；信息披露評價為不及格的公司共有 21 家，排除交易數據缺失的公司 3 家，共取樣本 18 家。四類樣本公司合計 124 家，占 2004 年深市上市公司 501 家的比例為 24.8%，具有足夠的代表性。

7.3.2 研究時間窗口

由於本研究是採用事件研究的方式考察上市公司信息披露的透明度與上市公司資本市場的互動關係，因此研究時間窗口主要觀察上市公司年度報告信息披露日前後各 10 個交易日的信息披露的市場流動性反應。

7.3.3 研究設計

本書採用假設檢驗的方式研究上市公司信息披露的市場流動性變化，檢驗主要集中於兩點：一是分別對四個樣本信息披露時間窗口內的流動性變化進行單樣本均值檢驗，檢驗信息披露前後上市公司股票的流動性比率是否發生顯著變化；二是對信息披露評級不同樣本組的均值進行檢驗，檢驗不同信息披露質量在資本市場的流動性方面是否存在顯著性差異。

7.4 樣本股票流動性結果及檢驗結論

7.4.1 樣本公司流動性比率計算結果

根據修正的馬丁比率公式計算的樣本公司流動性比率結果如表 7-1、表 7-2 所示。

表 7-1　　　　　　　　樣本公司流動性比率比較表

交易日期	優秀樣本	良好樣本	及格樣本	不及格樣本	總樣本平均
-10	0.020,623,302	0.029,827,41	0.040,170,119	0.024,445,306	0.029,053,01
-9	0.030,436,184	0.032,676,55	0.033,497,672	0.027,847,134	0.031,635,16
-8	0.029,704,778	0.028,746,91	0.028,920,995	0.026,501,965	0.028,672,42
-7	0.035,334,68	0.032,766,85	0.045,398,522	0.030,013,736	0.035,493,74
-6	0.022,545,535	0.035,105,02	0.024,787,847	0.031,531,3	0.029,670,16
-5	0.025,862,978	0.034,631,68	0.025,977,112	0.024,227,292	0.029,396,46
-4	0.020,603,43	0.034,536,47	0.030,176,682	0.031,391,888	0.030,054,84
-3	0.025,491,085	0.027,683,24	0.035,566,367	0.038,954,823	0.030,413,78
-2	0.026,025,793	0.042,552,25	0.030,652,849	0.044,856,9	0.036,755,94
-1	0.029,424,049	0.030,942,99	0.023,812,978	0.026,363,757	0.028,497,78
0	0.020,948,963	0.040,597,87	0.031,070,075	0.310,594,43	0.073,433,14
1	0.024,403,989	0.032,076,04	0.034,659,151	0.733,175,275	0.132,636,9
2	0.023,212,182	0.035,250,84	0.031,977,637	0.267,660,115	0.065,609,34
3	0.022,244,336	0.030,574,79	0.034,194,592	0.412,686,928	0.084,891,41
4	0.021,844,618	0.026,639,07	0.049,157,772	0.121,940,515	0.043,930,6
5	0.023,254,523	0.035,621,5	0.024,545,092	0.035,077,249	0.030,516,81
6	0.017,877,747	0.038,197,21	0.032,109,866	0.041,412,703	0.032,848,42
7	0.026,970,784	0.032,560,91	0.025,650,711	0.021,372,842	0.028,281,36
8	0.022,495,099	0.035,193,28	0.023,894,803	0.018,419,784	0.027,613,17
9	0.029,228,008	0.029,334,26	0.033,980,465	0.017,346,786	0.028,506,88
10	0.021,288,233	0.037,288,85	0.033,414,289	0.023,283,003	0.030,861,54

表 7-2　　　　　　　樣本流動性比率描述性統計指標表

	優秀樣本	良好樣本	及格樣本	不及格樣本	總樣本平均
均值	0.024,753,347	0.033,466,86	0.032,076,933	0.109,957,321	0.042,322,52
中值	0.023,254,523	0.032,766,85	0.031,977,637	0.031,391,888	0.030,516,81
標準差	0.004,221,567	0.004,108,8	0.006,729,434	0.180,455,81	0.026,278,56

信息披露時間窗口內各類樣本股票流動性變化分別如圖 7-1 至圖 7-5 所示。

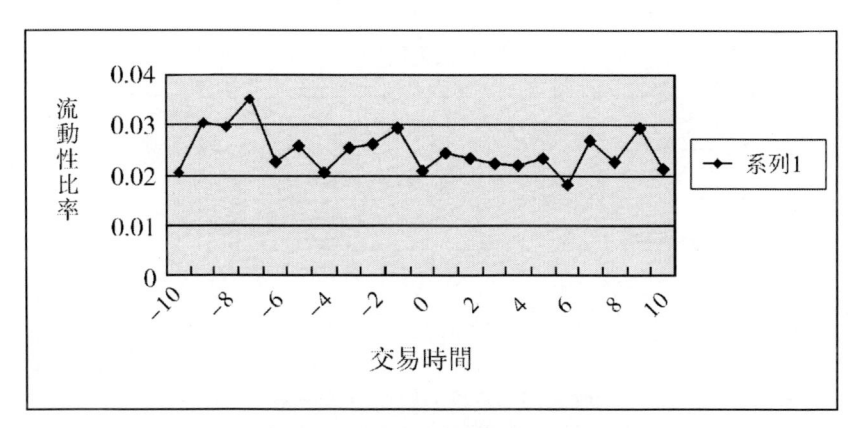

7 信息披露質量與資本市場流動性

圖 7-1 觀察期間優秀訊息披露股票流動性變化圖

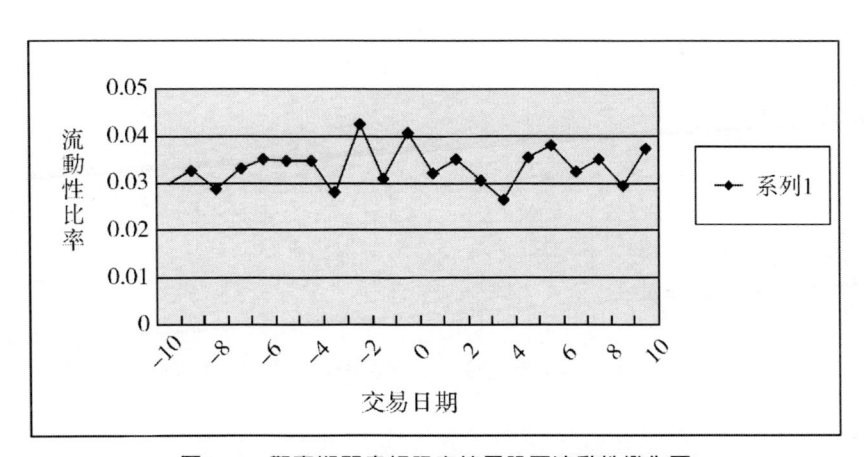

圖 7-2 觀察期間良好訊息披露股票流動性變化圖

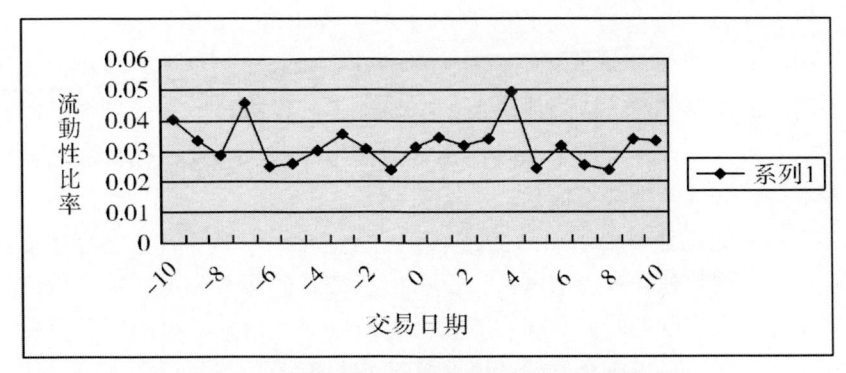

圖 7-3 觀察期間及格訊息披露股票流動性變化圖

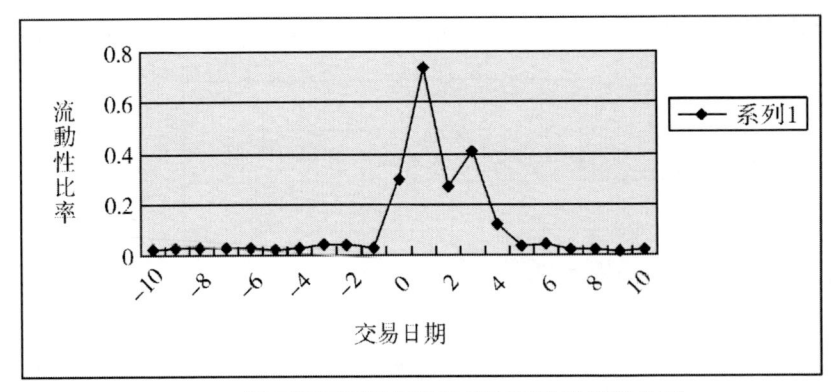

圖 7-4　觀察期間不及格訊息路股票流動性變化圖

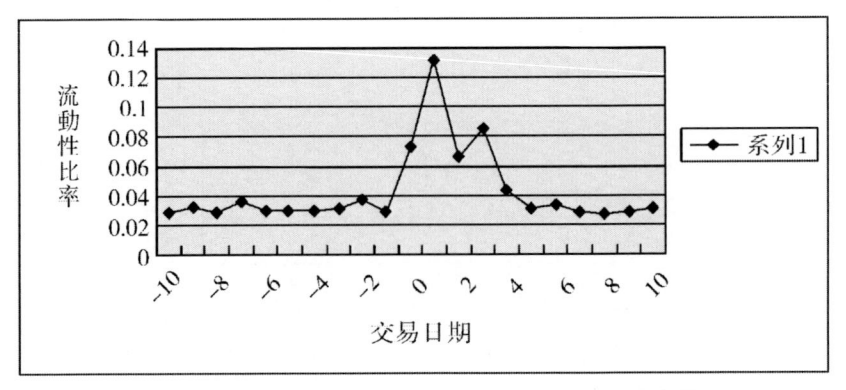

圖 7-5　觀察期間總體樣本訊息路股票流動性變化圖

7.4.2　結論分析

從上述表 7-1 至表 7-2 以及圖 7-1 至 7-5 中可以看出：

（1）信息披露質量越高，公司流動性比率越穩定，標準差越小，表明高透明度的信息披露可以降低股票的交易風險。從描述性統計指標可以看出，信息披露不及格的股票流動性比率的標準差最大，及格樣本次之，優秀樣本與良好樣本差異不大。

（2）信息披露日前後流動性比率有一定變化。以第 0 日作為年報披露的基準日，從數據表和趨勢圖看，優秀信息披露的樣本公司披露日後流動性比率有一定程度的降低，表明流動性有所提高，信息披露降低了信息的不對稱性，而信息披露良好樣本與及格樣本沒有顯著差異。特別值得注意的是，信息披露不及格樣本組信息披露日後持續 4 個交易日內，流動性比率大幅度上升，股票交易的流動性顯著下降（具體對信息披露不及格的 18

只樣本股票進行分析，發現其中的股票絕大部分屬於 S*ST 公司，其中有 9 只股票在公布日有 1 天的停牌，公布日后股價出現連續的縮量下跌，因此，股票流動性急遽下降，幾日后才恢復正常）。可見，對於信息披露不及格的公司，在公布日前后信息披露都出現極大的不對稱性現象，這種不對稱在年報信息披露后幾日內並未得到有效消除。因此政策上應該採取一定的措施增加特別處理的公司的信息披露以降低其信息不對稱風險。

為了從統計上檢驗結論的可靠性，對每個樣本年報披露基準日前后的流動性比率數據的平均值，比較其差異的顯著性（因為默認的假設是信息披露前后股票信息披露的風險發生了系統性變化，因此同一股票信息披露前后的流動性數據可以視作兩個樣本），得到的結論如表 7-3 至 7-6 所示（其中 Y 表示披露日前數據，X 表示披露日后數據）。

從統計結果的 T 統計量與 F 統計量可以看出，信息披露優秀（見表7-3）與不及格（見表 7-6）的樣本在信息披露前后流動性在水平發生變化且在 10% 的概率水平上顯著，而其他兩組樣本（見表 7-4 與 7-5）統計結果不顯著。

表 7-3　訊息披露優秀樣本訊息披露前後流動性比率均質比較表

Method	Df	Value	Probability
t-test	18	1.864,173	0.078,7
Anova F-statistic	(1, 18)	3.475,140	0.078,7

Analysis of Variance			
Source of Variation	Df	Sum of Sq.	Mean Sq.
Between	1	5.52E-05	5.52E-05
Within	18	0.000,286	1.59E-05
Total	19	0.000,341	1.80E-05

Category Statistics			
Variable	Count	Mean	Std. Dev.	Std. Err. of Mean
Y	10	0.026,605	0.004,700	0.001,486
X	10	0.023,282	0.003,112	0.000,984
All	20	0.024,944	0.004,238	0.000,948

表 7-4　　訊息披露良好樣本披露前後流動性比率均值比較表

Method	Df	Value	Probability
t-test	18	0.184,026	0.856,1
Anova F-statistic	(1, 18)	0.033,866	0.856,1
Analysis of Variance			
Source of Variation	Df	Sum of Sq.	Mean Sq.
Between	1	5.34E-07	5.34E-07
Within	18	0.000,284	1.58E-05
Total	19	0.000,284	1.50E-05
Category Statistics			
Variable	Count	Mean	Std. Dev.	Std. Err. of Mean
Y	10	0.032,947	0.004,236	0.001,340
X	10	0.033,274	0.003,685	0.001,165
All	20	0.033,110	0.003,868	0.000,865

表 7-5　　訊息披露及格樣本披露前後流動性比率均值比較表

Method	Df	Value	Probability
t-test	18	0.145,910	0.885,6
Anova F-statistic	(1, 18)	0.021,290	0.885,6
Analysis of Variance			
Source of Variation	Df	Sum of Sq.	Mean Sq.
Between	1	1.07E-06	1.07E-06
Within	18	0.000,904	5.02E-05
Total	19	0.000,905	4.76E-05
Category Statistics			
Variable	Count	Mean	Std. Dev.	Std. Err. of Mean
Y	10	0.031,896	0.006,921	0.002,189
X	10	0.032,358	0.007,246	0.002,291
All	20	0.032,127	0.006,900	0.001,543

表 7-6　訊息披露不及格樣本披露前後流動性比率均值比較表

Method	Df	Value	Probability
t-test	18	1.836,238	0.082,9
Anova F-statistic	(1, 18)	3.371,770	0.082,9
Analysis of Variance			
Source of Variation	Df	Sum of Sq.	Mean Sq.
Between	1	0.096,083	0.096,083
Within	18	0.512,935	0.028,496
Total	19	0.609,018	0.032,054
Category Statistics			
Variable	Count	Mean	Std. Dev.	Std. Err. of Mean
Y	10	0.030,613	0.006,631	0.002,097
X	10	0.169,238	0.238,639	0.075,464
All	20	0.099,925	0.179,035	0.040,033

（3）從統計結果的 T 統計量與 F 統計量可以看出，信息披露水平不同的公司流動性比率有顯著的差異，主要體現在信息披露優秀的公司與信息披露良好公司（見表7-7）、信息披露優秀與及格公司（見表7-8）、信息披露優秀與信息披露不及格的公司之間（見表7-9），以及信息披露良好與信息披露不及格的公司之間（見表7-11），而信息披露良好與及格的公司之間流動性差異並不顯著（見表7-10）。具體檢驗結果如表7-7至表7-11所示。

表 7-7　訊息披露優秀公司與良好公司之間流動性均值差異比較表

Method	Df	Value	Probability
t-test	40	6.778,195	0
Anova F-statistic	(1, 40)	45.943,93	0
Analysis of Variance			
Source of Variation	Df	Sum of Sq.	Mean Sq.
Between	1	0.000,797	0.000,797
Within	40	0.000,694	1.74E-05
Total	41	0.001,491	3.64E-05

表7-7(續)

Category Statistics			
Variable	Count	Mean	Std. Dev.	Std. Err. of Mean
Y	21	0.024,753	0.004,222	0.000,921
X	21	0.033,467	0.004,109	0.000,897
All	42	0.029,110	0.006,031	0.000,931

表7-8　訊息披露優秀公司與及格公司流動性均值差異比較表

Method	Df	Value	Probability
t-test	40	4.224,691	0.000,1
Anova F-statistic	(1, 40)	17.848,01	0.000,1

Analysis of Variance			
Source of Variation	Df	Sum of Sq.	Mean Sq.
Between	1	0.000,563	0.000,563
Within	40	0.001,262	3.16E-05
Total	41	0.001,825	4.45E-05

Category Statistics			
Variable	Count	Mean	Std. Dev.	Std. Err. of Mean
SER01	21	0.024,753	0.004,222	0.000,921
SER02	21	0.032,077	0.006,729	0.001,468
All	42	0.028,415	0.006,672	0.001,030

表7-9　訊息披露優秀公司與不及格公司之間流動性均值差異比較表

Method	Df	Value	Probability
t-test	40	2.163,116	0.036,6
Anova F-statistic	(1, 40)	4.679,071	0.036,6

Analysis of Variance			
Source of Variation	Df	Sum of Sq.	Mean Sq.
Between	1	0.076,227	0.076,227
Within	40	0.651,642	0.016,291
Total	41	0.727,869	0.017,753

表7-9(續)

Category Statistics			
Variable	Count	Mean	Std. Dev.	Std. Err. of Mean
Y	21	0.024,753	0.004,222	0.000,921
X	21	0.109,957	0.180,456	0.039,379
All	42	0.067,355	0.133,240	0.020,559

表7-10　訊息披露良好與訊息披露及格公司之間流動性均值差異比較表

Method	Df	Value	Probability
t-test	40	0.807,828	0.424,0
Anova F-statistic	(1, 40)	0.652,587	0.424,0

Analysis of Variance			
Source of Variation	Df	Sum of Sq.	Mean Sq.
Between	1	2.03E-05	2.03E-05
Within	40	0.001,243	3.11E-05
Total	41	0.001,264	3.08E-05

Category Statistics			
Variable	Count	Mean	Std. Dev.	Std. Err. of Mean
Y	21	0.033,467	0.004,109	0.000,897
X	21	0.032,077	0.006,729	0.001,468
All	42	0.032,772	0.005,552	0.000,857

表7-11　訊息披露良好公司與不及格公司之間流動性均值差異比較表

Method	Df	Value	Probability
t-test	40	1.976,356	0.055,0
Anova F-statistic	(1, 40)	3.905,982	0.055,0

Analysis of Variance			
Source of Variation	Df	Sum of Sq.	Mean Sq.
Between	1	0.063,686	0.063,686
Within	40	0.652,192	0.016,305
Total	41	0.715,878	0.017,460

表7-11(續)

Category Statistics			
Variable	Count	Mean	Std. Dev.	Std. Err. of Mean
Y	21	0.032,077	0.006,729	0.001,468
X	21	0.109,957	0.180,456	0.039,379
All	42	0.071,017	0.132,138	0.020,389

　　總結：國外研究表明，信息披露良好的公司，一般能夠從市場流動性提高上面得到市場回報，信息透明度越高，股票有更低的買賣價差、更深的交易深度、更及時完成的交易以及更高的市場彈性。本書以價量結合的修正馬丁系數作為市場流動性的衡量變量，以深交所信息披露評級為信息披露質量衡量變量，通過研究它們之間的關係發現，對於信息披露優秀的公司以及信息披露糟糕的公司，信息披露的前後流動性發生了較為顯著的變化；對於將不同信息披露質量公司之間的流動性進行比較的結果表明，信息披露越充分，市場流動性越好，市場會通過流動性獎勵的方式獎勵信息披露好的公司，這與國外大部分實證研究的結果基本相符。可以看出，信息披露充分的公司，可以得到更多的市場利益：一是可以降低融資成本，二是可以增加公司股票的流動性。而國內外有關市場流動性的實證研究證明，流動性是可以產生正的股票溢價的。

參考文獻

一、中文文獻

(一) 期刊類

[1] 陳紅. 公司控制權溢價理論及實證研究綜述 [J]. 經濟學動態, 2006 (5).

[2] 陳武朝. 盈餘管理審計師變更與審計師獨立性 [J]. 會計研究, 2004 (8).

[3] 崔學剛. 公司治理機制對公司透明度的影響——來自中國上市公司的經驗數據 [J]. 會計研究, 2004 (8).

[4] 程小可. 年度盈餘披露的及時性與市場反應——來自滬市的證據 [J]. 審計研究, 2004 (2).

[5] 範小雯. 上市公司自願性信息披露影響因素研究 [J]. 證券市場導報, 2006 (4).

[6] 何紅渠. 有關審計意見識別盈餘管理能力的研究——來自滬市製造業的經驗證據 [J]. 財務理論與實踐, 2003 (6).

[7] 李豫湘. 中國公司治理與自願信息披露的實證分析 [J]. 重慶大學學報 (自然科學版), 2004 (12).

[8] 婁權. 上市公司信息披露質量的影響因素——深圳股市面板數據的實證研究 [J]. 鄭州航空工業管理學院學報, 2006 (4).

[9] 李耀松. 東北上市公司會計信息披露質量的治理因素分析 [J]. 科技與管理, 2006 (4).

[10] 李遠勤. 股權結構與自願性信息披露——來自深市國有上市公司

的經驗證據［J］. 統計與決策, 2006（4）.

［11］劉偉. 審計師變更與盈餘管理關係的實證研究——來自中國A股市場的經驗證據［J］. 財務理論與實踐, 2006（1）.

［12］李東平.「不清潔」審計意見、盈餘管理與會計師事務所變更［J］. 會計研究, 2001（6）.

［13］李維安. 盈餘管理與審計意見關係的實證研究——基於非經營性收益的分析［J］. 財務研究, 2004（11）.

［14］陸正飛. 中國資本市場的公司財務研究：回顧與評論［J］. 財會通訊, 2004（5）.

［15］齊萱. 關於構建上市公司財務信息披露評價指標體系的探討——基於中國證監會處罰公告的實證分析［J］. 會計之友, 2005（7）.

［16］史富蓮. 盈餘管理與審計意見相關性研究［J］. 會計之友（下）, 2006（9）.

［17］唐躍軍. 信息披露機制評價、信息披露指數與企業業績——基於931家上市公司的調查［J］. 管理評論, 2005（10）.

［18］唐躍軍, 李維安, 謝仍明. 大股東制衡機制對審計約束有效性的影響［J］. 會計研究, 2006（7）.

［19］王治安, 餘杰. 基於合併財務報表的償債能力分析［J］. 財會月刊, 2006（5）.

［20］王治安, 餘杰. 企業合併財務報表決策價值探索［J］. 會計之友, 2006（7）.

［21］汪煒. 信息披露、透明度與資本成本［J］. 經濟研究, 2004（7）.

［22］王咏梅. 上市公司財務信息自願披露指數實證研究［J］. 證券市場導報, 2003（9）.

［23］王惠芳. 上市公司年度報告自願性信息披露實證研究——來自524家深市上市公司的證據［J］. 華東經濟管理, 2006（2）.

［24］王建玲. 上市公司年度報告及時性與審計意見［J］. 預測, 2004（4）.

［25］王春峰. 信息的價格和流動性效應［J］. 天津大學學報（社會科學版）, 2004（2）.

［26］魏明海, 劉峰. 論會計透明度［J］. 會計研究, 2001（9）.

［27］巫升柱. 中國上市公司年度報告披露及時性實證研究［J］. 會計研究, 2006（2）.

[28] 吳聯生. 深滬兩市機構投資者和一般投資者的信息需求調查 [J]. 財會研究, 2000 (4).

[29] 謝志華. 信息披露水平：市場推動與政府監管——基於中國上市公司數據的研究 [J]. 審計研究, 2005 (4).

[30] 夏立軍. 從審計意見看審計質量——上市公司 2000 年度財務報告審計意見實證分析 [J]. 中國註冊會計師, 2002 (10).

[31] 徐暉, 餘杰. 一體化管理方式下企業財務監控研究 [J]. 財會研究, 2005.

（二）著作類

[32] 埃爾登·S. 享德里克森. 會計理論 [M]. 王譫如, 陳今池, 譯. 上海：立信會計圖書用品出版社, 1987.

[33] 巴克爾. 價值決定：估價模型與財務信息披露 [M]. 陶長高, 肖建華, 王曉玲, 譯. 北京：經濟管理出版社, 2005.

[34] 財政部會計司. 論改進企業報告——著眼於用戶：美國註冊會計師協會財務報告特別委員會綜合報告 [M]. 陳毓圭, 譯. 北京：中國財政經濟出版社, 1996.

[35] 陳信元, 陳東華, 王霞. 轉型經濟中的會計與財務問題 [M]. 北京：清華大學出版社, 2003.

[36] 崔吉春, 孫亞剛. Excel 2003 應用實例培訓教程 [M]. 北京：電子工業出版社, 2004.

[37] 高愈湘. 中國上市公司控制權市場研究 [M]. 北京：中國經濟出版社, 2004.

[38] 葛家澍, 林志軍. 現代西方會計理論 [M]. 廈門：廈門大學出版社, 2001.

[39] 蔣順才, 劉雪輝, 劉迎新. 上市公司信息披露 [M]. 北京：清華大學出版社, 2003.

[40] 李向前. 企業價值研究 [D]. 長春：吉林大學, 2005.

[41] 林鐘高, 章鐵生. 公司治理與公司會計 [M]. 北京：經濟管理出版社, 2003.

[42] 羅伯特·G. 伊克利斯, 羅伯特·H. 漢斯, E. 瑪麗, 等. 價值報告革命——遠離盈餘游戲 [M]. 葉鵬飛, 譯. 北京：中國財政經濟出版社, 2003.

[43] 邱宜干. 中國上市公司會計信息披露問題研究 [D]. 南昌：江

西財經大學，2002.

［44］R. L. 瓦茨，J. L. 齊默爾曼. 實證會計理論［M］. 黃世忠，陳少華，譯. 北京：中國商業出版社，1990.

［45］薩繆爾·A. 迪皮亞滋，羅伯特·G. 艾克力. 建立公眾信任公司報告的未來［M］. 劉德琛，譯. 北京：機械工業出版社，2004.

［46］沈天鷹. 國有企業治理結構畸形化及其矯正對策研究［M］. 北京：人民出版社，2004.

［47］沈穎玲. 網路財務報告研究［M］. 上海：立信會計出版社，2005.

［48］斯坦恩伯格. 公司治理和董事會［M］. 倪衛紅，劉瑛，譯. 北京：石油工業出版社，2002.

［49］斯韋托扎爾·平喬維奇. 產權經濟學——一種關於比較體制的理論［M］. 蔣琳琦，譯. 北京：經濟科學出版社，1999.

［50］孫永祥. 公司治理結構：理論與實證研究［M］. 上海：上海人民出版社，2002.

［51］所羅門. 財務管理理論［M］. 沃倫頓：哥倫比亞出版社，1963.

［52］唐清泉. 企業中的代理問題與信息管理［M］. 北京：中國財政經濟出版社，2002.

［53］托馬斯·約翰遜，羅伯特·卡普蘭. 管理會計興衰史［M］. 金馬工作室，譯. 北京：清華大學出版社，2004.

［54］王治安. 財務會計研究［M］. 成都：西南財經大學出版社，2001.

［55］魏明海，譚勁松，林舒. 盈利管理研究［M］. 北京：中國財政經濟出版社，2000.

［56］席酉民，趙增耀. 企業集團治理［M］. 北京：機械工業出版社，2002.

［57］葉銀華，李存修，柯承恩. 公司治理與評級系統［M］. 北京：中國財政經濟出版社，2004：75-79.

［58］餘杰. 中期財務報告的市場反應研究［C］. 中國財務會年會論文集，2004.

［59］張曉峒. 計量經濟學軟件 EViews 使用指南［M］. 天津：南開大學出版社，2004.

二、外文文獻

[60] ANG J S, COLE R, LIN J, 2000. Agency Costs and Ownership [J]. Journal of Finance, 55 (1).

[61] AMIHUD Y, MENDELSON H, 1986. Asset Pricing and the Bid Ask Spread [J]. Journal of Financial Economics, 17 (2): 223-249.

[62] AMIHUD YAKOV, MENDELSON H. Index and Index-Futures Returns [J]. Journal of Accounting, Auditing & Finance, 4 (4): 415-431.

[63] BAGEHOT W, 1971. The Only Game in Town [J]. Financial Analysts Journal 27 (2): 12-14.

[64] BANZ R, 1981. The Relationship between Return and Market Value of Common Stocks [J]. Journal of Financial Economics, 9 (1): 3-18.

[65] BARRY C, S BROWN, 1985. Differential Information and Security Market Equilibrium [J]. Journal of Financial and Quantitative Analysis.

[66] BASU S, 1983. The Relationship between Earnings Yield, Market Value, and Return for NYSE Common Stocks: Further Evidence [J]. Journal of Financial Economics, 12: 129-156.

[67] BENS D A, STEVEN J M, 2002. Disclosure Quality and the Excess value of Diversification [J]. Working Paper, SSRN.

[68] BHANARI L, 1988. Debt Equity Ratio and Expected Common Stock Returns: Empirical Evidence [J]. Journal of Finance, 43: 507-528.

[69] BHATTACHARYA U, DAOUK H, WELKER M, 2003. The World Price of Earnings Opacity [J]. The Accounting Review, 78: 641-678.

[70] BLACK F, 1971. Toward a Fully Automated Stock Exchange: Part I [J]. Financial Analysts Journal, 27: 35-44.

[71] BOTOSAN C A, 1997. Disclosure Level and the Cost of Equity Capital [J]. The Accounting Review, 72 (3): 323-349.

[72] BOTOSAN C A, PLUMLEE M, 2002. A Reexamination of Disclosure Level and the Expected Cost of Equity Capital [J]. Journal of Accounting Research, 40: 21-40.

[73] BRENNAN M, CHORDIA T, SUBRAHMANYAM A, 1998. Alter-

native Factor Specifications, Security Characteristics, and the Cross section of Expected Stock Returns [J]. Journal of Financial Economics, 49: 345-373.

[74] BYARD D, W SHAW K, 2002. Corporate Disclosure Quality and Properties of Analysts] Information Environment [J]. Working Paper, SSRN.

[75] CHAU, GRAY, 2002. Ownership structure and corporate voluntary disclosure in Hong Kong and Singapore [J]. The International Journal of Accounting, 37: 247-265.

[76] CICCONE S J, 2000. Two Essays on Finance Transparency [J]. unpublished Ph. D.

[77] CLARKSON P, GUEDES J, THOMPSON R, 1996. On the Diversification, Observability, and Measurement of Estimation Risk [J]. Journal of Financial and Quantitative Analysis, 31: 69-84.

[78] CLEMENT M, FRANKEL R, MILLER J, 2000. The Effect of Confirming Management Earnings Forecasts on Cost of Capital [J]. Working Paper, University of Texas at Austin and University of Michigan.

[79] COLES J, LOEWENSTEIN U, 1988. Equilibrium Pricing and Portfolio Composition in the Presence of Uncertain Parameters [J]. Journal of Financial Economics, 279-303.

[80] COPELAND T, GALAI D, 1983. Information Effects on the Bid Ask Spreads [J]. Journal of Finance, 38: 1457-1469.

[81] JEFF C, JAMES C, TAYLOR S. The Effect of Compensation Design and Corporate Governance on the Transparency of CEO Compensation Disclosures [J]. Working Paper, SSRN.

[82] CRASWELL A, TAYLOR S, 1992. Discretionary disclosure of reserves by oil and gas companies: an economic analysis [J]. Journal of Busines Finance and Accounting, 19: 295-308.

[83] DEMSETZ H, 1968. The Cost of Transacting [J]. Quarterly Journal of Economics, 82: 33-53.

[84] DIAMOND D, VERRECCHIA R, 1991. Disclosure, Liquidity, and the Cost of Capital [J]. Journal of Finance, 46 (4): 1325-1359.

[85] FAMA E F, KENNETH R F, 1992. The cross-section of expected stock returns [J]. Journal of Finance, 47: 427-465.

[86] FAMA E, FRENCH K, 1993. Common Risk Factors on the Returns of Stocks and Bonds [J]. Journal of Financial Economics, 33: 3-57.

[87] FAN J P H, WONG T J, 2002. Corporate Ownership Structure and the Informativeness of Accounting Earnings in East Asia [J]. Journal of Accounting & Economics, 33: 401-425.

[88] FELTHAM G A, OHLSON J A, 1995. Valuation and clean surplus accounting for operating and financial activities [J]. Contemporary Accounting Research, 11: 689-731.

[89] FORKER J, 1992. Corporate governance and disclosure quality [J]. Accounting and Business Research, 22: 111-124.

[90] FRANCIS J, LA FOND R, OLSSON P M, et al., 2004. Cost of Equity and Earnings Attributes [J]. The Accounting Review, 79: 967-1010.

[91] GEBHARDT W, LEE C, SWAMINATHAN B, 2003. Toward an Implied Cost of Capital [J]. Journal of Accounting Research, 39: 135-176.

[92] GELB D, ZAROWIN P. Corporate Disclosure Policy and the Informativeness of Stock Price [J]. Working Paper, SSRN.

[93] GLEN J, 1994. An Introduction to the Microstructure of Emerging Markets [J]. International Finance Corporation working paper.

[94] GORDON M, SHAPIRO E, 1956. Capital Equipment Analysis: the Required Rate of Profit [J]. Management Science, 3: 102-110.

[95] HAIL L, LUZI C, 2003. International Differences in Cost of Capital: Do Legal Institutions and Securities Regulation Matter [J]. Working Paper.

[96] HANDA P, LINN S, 1993. Arbitrage pricing with estimation risk [J]. Journal of Financial Economics, 81-100.

[97] HARRIS L, 1990. Trading Rules and Electronic Trading Systems [J]. Monograph series.

[98] HEALY P M, HUTTON A, PALEPU K, 1999. Stock Performance and Intermediation Changes Surrounding Sustained Increases in Disclosure [J]. Contemporary Accounting Research, 16: 485-520.

[99] HEALY P M, PALEPU K G, 2001. Information Asymmetry, Corporate Disclosure, and the Capital Markets: A Review of the Empirical Disclosure Literature [J]. Journal of Accounting and Economics, 31: 405-440.

[100] HEFLIN F, SHAW K W. Adverse Selection Inventory-Holding Costs, and Depth [J]. Journal of Financial Research, 24 (1): 65, 18.

[101] HEFLIN F, SUBRAMANYAM K R, et al., 2001. Stock Return Volatility Before and After Regulation FD [J]. Working Paper, SSRN.

［102］HEFLIN, SHAW, WILD, 2005. Disclosure Policy and Market Liquidity: Impact of Depth Quotes and Order Sizes［J］. Contemporary Accounting Research, 22 (4): 829-865.

［103］HOSSAIN M, TAN LM, ADAMS M, 1994. Voluntary disclosure in an emerging capital market［J］. International Journal of Accounting, 29: 334-351.

［104］KLEIN R, BAWA V, 1976. The Effect of Estimation Risk on Optimal Portfolio Choice［J］. Journal of Financial Economics.

［105］KRISHNAMURTI C, ŠEVIC A, ŠEVIC ŽELJKO, 2005. Voluntary disclosure, transparency, and market quality: Evidence from emerging market ADRs［J］. Journal of Multinational Financial Management, 15 (4/5): 435-454.

［106］KYLE A, 1985. Continuous Auctionsand Insider Trading［J］. Econometrica, 53: 1315-1335.

［107］LANG M, LUNDHOLM R, 1993. Cross-Sectional Determinants of Analyst Ratings of Corporate Disclosures［J］. Journal of Accounting Research, 31 (2): 246-271.

［108］LEUZ C, VERRECCHIA R E, 2000. The Economic Consequences of Increased Disclosure［J］. Journal of Accounting Research, 18: 456-478.

［109］Christian L, Oberholzer-Gee F. Corporate Transparency and Political Connections［J］. Working Paper, SSRN.

［110］LINTNER J, 1965. The Valuation of Risk Assets and the Selection of Risky Investments in Stock Portfolios and Capital Budgets［J］. Review of Economics and Statistics, 47: 13-37.

［111］LIPPMAN STEVEN A, MCCALL JOHN J, 1986. An Operational Measure of Liquidity［J］. American Economic Review, 76 (1): 13, 43.

［112］LOBO GERALD J, ZHON JIAN. Disclosure Quality and Earning Management［J］. Working Paper, SSRN.

［113］MCKINNON JILL L, DALIMUNTHE L, 1993. Voluntary disclosure of segment information by Australian diversified companies［J］. Accounting and Finance.

［114］MEEK G K, ROBERTS C B, GRAY S J, 1995. Factor Influencing Voluntary Annual Report Disclosure By U. S, U. K. and Continental European［J］. Journal of International Business Studies, 3: 555-572.

[115] SINGLETON W R, GLOBERMAN S, 2002. The changing nature of financial disclosure in Japan [J]. the International Journal of Accounting, 37: 95-111.

[116] MALKIEL B G, YE X X, 1997. Risk and return revisited [J]. Journal of Portfolio Management, 23 (3): 9.

[117] MARQUARDT C, WIEDMAN C, 1998. Voluntary Disclosure, Information Asymmetry, and Insider Selling Through Secondary Equity Offerings [J]. Contemporary Accounting Research, 15 (4): 505-537.

[118] MASSIMB M N, PHELPS B D, 1994. Electronic Trading, Market Structure and Liquidity. Financial Analysts [J]. Financial Analysts Journal, 50 (1): 39-50.

[119] HAMADI M, ADEL K, RANDA M, 2004. Information Asymmetry, Disclosure Level and Securities Liquidity in the BVMT [J]. Finance India, 18 (1): 547-557.

[120] MCKINNON J L, DALIMUNTHE L, 1993. Voluntary disclosure of segment information by Australian diversified companies [J]. Accounting and Finance.

[121] MEEK G K, ROBERTS C B, Sidney J. Gray, 1995. Factor Influencing Voluntary Annual Report Disclosure By U.S., U.K. and Continental European [J]. Journal of International Business Studies, 3: 555-572.

[122] MILLER M, MODIGLIANI F, 1966. Some Estimates of the Cost of Capital to the Electric Utility Industry [J]. The American Economic Review.

[123] MODIGLIANI F, MILLER M, 1958. The Cost of Capital, Corporation Finance, and the Theory of Investment [J]. American Economic Review, 48: 261-297.

[124] OHLSON J, 1995. Earnings, book values, and dividends in equity valuation [J]. Contemporary Accounting Research, 8: 1-19.

[125] RAFFOURNIER B, 1995. The determinants of voluntary financial disclosure by Swiss listed companies [J]. the European Accounting Review, 261-280.

[126] RICHARDSON A J, MICHAEL W, 2001. Social disclosure, financial disclosure and the cost of equity capital [J]. Accounting, Organizations & Society, 26 (7): 597-616.

[127] ROSS S, 1976. The Arbitrage Theory of Capital Asset Pricing [J].

Journal of Economic Theory, 13: 341-360.

[128] SENGUPTA P, 1998. Corporate Disclosure Quality and the Cost of Debt [J]. Accounting Review, 73: 459-474.

[129] SHARPE W, 1964. Capital Asset Prices: A Theory of Market Equilibrium under Conditions of Risk [J]. Journal of Finance, 19: 425-429.

[130] SIMON S M H, WONG K S, 2001. A study of the relation between corporate governance structures and the extent of voluntary disclosure [J]. Journal of International Accounting Auditing &Taxation, 10: 139-156.

[131] STATTMAN D, 1980. Book Values and Stock Returns, The Chicago MBA [J]. A Journal of Selected Papers, 4: 25-45.

[132] WELKER M, 1995. Disclosure Policy, Information Asymmetry and Liquidity in Equity Markets [J]. Contemporary Accounting Research, 11: 801-82.

附　錄

附錄一　信息披露樣本公司表

證券代碼	證券簡稱	證券代碼	證券簡稱	證券代碼	證券簡稱
000004	*ST 國農	000899	贛能股份	600533	栖霞建設
000035	*ST 科健	000918	S*ST 亞華	600561	江西長運
000036	華聯控股	000922	S 阿繼	600592	龍溪股份
000038	S*ST 大通	000923	S 宣工	600599	瀏陽花炮
000069	華僑城 A	000935	S 川雙馬	600608	S 滬科技
000089	深圳機場	000952	廣濟藥業	600609	*ST 金杯
000099	中信海直	000972	新中基	600615	SST 豐華
000410	沈陽機床	000989	九芝堂	600620	天宸股份
000506	S*ST 東泰	000996	捷利股份	600628	新世界
000513	麗珠集團	000997	新大陸	600629	S*ST 棱光
000517	S*ST 成功	600007	中國國貿	600635	大眾公用
000518	四環生物	600010	包鋼股份	600636	三愛富
000522	白雲山 A	600072	江南重工	600644	樂山電力
000538	雲南白藥	600081	東風科技	600649	原水股份
000557	ST 銀廣夏	600095	哈高科	600655	豫園商城
000558	萊茵置業	600100	同方股份	600663	陸家嘴
000559	萬向錢潮	600108	亞盛集團	600677	航天通信

表(續)

證券代碼	證券簡稱	證券代碼	證券簡稱	證券代碼	證券簡稱	證券代碼	證券簡稱
000569	長城股份	600111	稀土高科	600688	S 上石化
000600	建投能源	600118	中國衛星	600710	常林股份
000608	陽光股份	600121	鄭州煤電	600724	寧波富達
000638	S＊ST 中遼	600137	S＊ST 長控	600726	華電能源
000657	中鎢高新	600156	華升股份	600736	蘇州高新
000667	名流置業	600178	東安動力	600738	蘭州民百
000697	咸陽偏轉	600179	黑化股份	600741	巴士股份
000712	錦龍股份	600185	海星科技	600765	力源液壓
000713	豐樂種業	600218	全柴動力	600768	寧波富邦
000716	南方控股	600226	升華拜克	600791	天創置業
000717	韶鋼松ft	600262	北方股份	600795	國電電力
000726	魯泰 A	600276	恒瑞醫藥	600802	福建水泥
000753	漳州發展	600313	SST 中農	600809	山西汾酒
000760	博盈投資	600337	美克股份	600812	華北制藥
000767	漳澤電力	600350	山東高速	600815	廈工股份
000810	華潤錦華	600351	亞寶藥業	600826	蘭生股份
000819	S 岳興長	600367	紅星發展	600837	都市股份
000835	四川聖達	600393	東華實業	600842	中西藥業
000836	鑫茂科技	600395	盤江股份	600850	華東電腦
000848	承德露露	600398	凱諾科技	600873	五洲明珠
000852	S 江鑽	600400	紅豆股份	600877	中國嘉陵
000881	大連國際	600466	迪康藥業	600884	杉杉股份
000888	峨眉山 A	600511	國藥股份		

附錄二 被公開譴責的樣本公司表

股票代碼	股票簡稱	處罰日期	處罰部門
000035.SZ	*ST科健	2005-05-27	深交所
000050.SZ	深天馬A	2003-04-04	深交所
000150.SZ	S光電	2006-03-03	深交所
000156.SZ	S*ST嘉瑞	2005-01-13	深交所
000404.SZ	華意壓縮	2005-05-17	深交所
000421.SZ	南京中北	2005-09-20	深交所
000430.SZ	S張家界	2005-01-13	深交所
000509.SZ	S*ST華塑	2003-04-19	深交所
000517.SZ	S*ST成功	2005-12-30	深交所
000529.SZ	S*ST美雅	2005-09-06	深交所
000546.SZ	光華控股	2003-07-26	深交所
000549.SZ	S湘火炬	2004-07-01	深交所
000561.SZ	SST長嶺	2006-01-05	深交所
000583.SZ	S*ST托普	2004-06-21	深交所
000587.SZ	SST光明	2003-08-22	深交所
000596.SZ	ST古井A	2005-05-27	深交所
000620.SZ	S*ST聖方	2005-05-27	深交所
000622.SZ	S*ST恒立	2004-07-27	深交所
000631.SZ	S*ST蘭寶	2005-09-06	深交所
000631.SZ	S*ST蘭寶	2004-11-04	深交所
600653.SH	申華控股	2003-06-10	上交所
600657.SH	*ST天橋	2005-06-16	上交所
600681.SH	SST萬鴻	2004-06-28	上交所
600698.SH	SST輕騎	2003-04-22	上交所
600705.SH	S*ST北亞	2006-03-07	上交所

表(續)

股票代碼	股票簡稱	處罰日期	處罰部門
600728.SH	S*ST新太	2005-04-02	上交所
600734.SH	S*ST實達	2005-06-20	上交所
600734.SH	S*ST實達	2005-04-25	上交所
600735.SH	SST陳香	2004-06-15	上交所
600737.SH	*ST屯河	2004-06-24	上交所
600746.SH	江蘇索普	2004-10-25	上交所
600751.SH	SST天海	2003-07-26	上交所
600762.SH	S*ST金荔	2005-05-17	上交所
600762.SH	S*ST金荔	2005-01-18	上交所
600800.SH	S*ST磁卡	2003-07-18	上交所
600816.SH	安信信託	2004-06-16	上交所
600826.SH	蘭生股份	2003-12-15	上交所
600844.SH	SST大盈	2003-12-02	上交所
600844.SH	SST大盈	2003-05-14	上交所
600847.SH	ST渝萬里	2003-07-10	上交所
600847.SH	ST渝萬里	2003-05-14	上交所
000035.SZ	*ST科健	2005-12-31	證監會
000409.SZ	ST泰格	2006-03-18	證監會
000509.SZ	S*ST華塑	2005-06-21	證監會
000514.SZ	渝開發	2003-09-26	證監會
000537.SZ	廣宇發展	2003-09-04	證監會
000583.SZ	S*ST托普	2005-11-04	證監會
000583.SZ	S*ST托普	2005-10-13	證監會
000594.SZ	天津宏峰	2003-11-15	證監會
000596.SZ	ST古井A	2006-03-24	證監會
000633.SZ	S*ST合金	2005-10-25	證監會
000635.SZ	英力特	2004-06-05	證監會
000656.SZ	*ST東源	2005-05-14	證監會
000656.SZ	*ST東源	2003-08-08	證監會

表(續)

股票代碼	股票簡稱	處罰日期	處罰部門
000665.SZ	武漢塑料	2003-09-04	證監會
000670.SZ	S*ST 天發	2004-10-16	證監會
000672.SZ	S*ST 銅城	2004-09-20	證監會
000713.SZ	豐樂種業	2005-01-05	證監會
000736.SZ	S*ST 重實	2005-12-30	證監會
000736.SZ	S*ST 重實	2005-09-02	證監會
000757.SZ	*ST 方向	2006-02-21	證監會
000799.SZ	S 酒鬼酒	2004-08-19	證監會
600240.SH	華業地識	2003-09-04	證監會
600313.SH	SST 中農	2004-08-04	證監會
600369.SH	ST 長運	2004-01-10	證監會
600503.SH	SST 新智	2004-10-13	證監會
600551.SH	科大創新	2005-09-15	證監會
600555.SH	九龍山	2006-02-15	證監會
600615.SH	SST 豐華	2005-05-10	證監會
600698.SH	SST 輕騎	2003-09-23	證監會
600738.SH	蘭州民百	2003-09-04	證監會
600751.SH	SST 天海	2004-02-18	證監會
600766.SH	*ST 菸發	2004-11-25	證監會
600783.SH	魯信高新	2003-07-23	證監會
600784.SH	魯銀投資	2004-07-09	證監會
600816.SH	安信信託	2003-03-27	證監會
600822.SH	上海物貿	2003-04-16	證監會
600844.SH	SST 大盈	2004-03-09	證監會
600847.SH	ST 渝萬里	2004-06-11	證監會
600848.SH	ST 自儀	2003-04-30	證監會
600862.SH	SST 縱橫	2004-08-21	證監會
600862.SH	SST 縱橫	2003-08-08	證監會
600872.SH	中炬高新	2004-01-31	證監會

附錄三　計算資本成本的上市公司樣本表

證券代碼	證券簡稱	證券代碼	證券簡稱
000036	華聯控股	600218	全柴動力
000069	華僑城 A	600226	昇華拜克
000089	深圳機場	600262	北方股份
000099	中信海直	600276	恒瑞醫藥
000410	沈陽機床	600337	美克股份
000513	麗珠集團	600350	山東高速
000518	四環生物	600351	亞寶藥業
000522	白雲山 A	600367	紅星發展
000538	雲南白藥	600393	東華實業
000558	萊茵置業	600395	盤江股份
000559	萬向錢潮	600398	凱諾科技
000600	建投能源	600400	紅豆股份
000608	陽光股份	600511	國藥股份
000657	中鎢高新	600533	栖霞建設
000667	名流置業	600561	江西長運
000712	錦龍股份	600592	龍溪股份
000713	豐樂種業	600620	天宸股份
000717	韶鋼松山	600628	新世界
000726	魯泰 A	600635	大眾公用
000767	漳澤電力	600636	三愛富
000810	華潤錦華	600644	樂ft電力
000819	S 岳興長	600649	原水股份
000848	承德露露	600655	豫園商城

表(續)

證券代碼	證券簡稱	證券代碼	證券簡稱
000852	S江鑽	600663	陸家嘴
000881	大連國際	600677	航天通信
000888	峨眉山A	600688	S上石化
000899	贛能股份	600710	常林股份
000952	廣濟藥業	600724	寧波富達
000972	新中基	600726	華電能源
000989	九芝堂	600736	蘇州高新
000996	捷利股份	600738	蘭州民百
000997	新大陸	600741	巴士股份
600007	中國國貿	600765	力源液壓
600010	包鋼股份	600768	寧波富邦
600072	江南重工	600791	天創置業
600095	哈高科	600795	國電電力
600100	同方股份	600802	福建水泥
600108	亞盛集團	600809	山西汾酒
600111	稀土高科	600812	華北制藥
600118	中國衛星	600815	廈工股份
600121	鄭州煤電	600837	都市股份
600178	東安動力	600850	華東電腦
600179	黑化股份	600877	中國嘉陵
600185	海星科技	600884	杉杉股份

附錄四 2004年年報披露日期及滯后值計算表

證券代碼	證券簡稱	定期報告實際披露日期[報告期]2004年度	滯后比
000036	華聯控股	2005-04-29	0.991,667
000069	華僑城A	2005-04-12	0.85
000089	深圳機場	2005-04-28	0.983,333
000099	中信海直	2005-03-25	0.7
000410	沈陽機床	2005-02-03	0.283,333
000513	麗珠集團	2005-02-22	0.433,333
000518	四環生物	2005-04-26	0.966,667
000522	白雲山A	2005-04-09	0.825
000538	雲南白藥	2005-03-04	0.533,333
000558	萊茵置業	2005-03-25	0.708,333
000559	萬向錢潮	2005-03-08	0.566,667
000600	建投能源	2005-02-28	0.483,333
000608	陽光股份	2005-02-04	0.291,667
000657	中鎢高新	2005-04-01	0.758,333
000667	名流置業	2005-01-18	0.15
000712	錦龍股份	2005-04-28	0.983,333
000713	豐樂種業	2005-04-01	0.758,333
000717	韶鋼松山	2005-01-29	0.241,667
000726	魯泰A	2005-02-04	0.291,667
000767	漳澤電力	2005-03-30	0.75
000810	華潤錦華	2005-03-10	0.583,333
000819	S岳興長	2005-03-08	0.566,667

表(續)

證券代碼	證券簡稱	定期報告實際披露日期[報告期]2004年度	滯后比
000848	承德露露	2005-03-29	0.741,667
000852	S江鑽	2005-02-16	0.383,333
000881	大連國際	2005-03-25	0.708,333
000888	峨眉山A	2005-01-19	0.408,333
000899	贛能股份	2005-04-13	0.858,333
000952	廣濟藥業	2005-04-09	0.825
000972	新中基	2005-03-10	0.583,333
000989	九芝堂	2005-03-01	0.508,333
000996	捷利股份	2005-04-28	0.983,333
000997	新大陸	2005-03-28	0.733,333
600007	中國國貿	2005-03-23	0.691,667
600010	包鋼股份	2005-03-10	0.583,333
600072	江南重工	2005-04-22	0.933,333
600095	哈高科	2005-03-26	0.716,667
600100	同方股份	2005-04-23	0.941,667
600108	亞盛集團	2005-04-22	0.933,333
600111	稀土高科	2005-03-22	0.683,333
600118	中國衛星	2005-04-20	0.916,667
600121	鄭州煤電	2005-03-26	0.716,667
600178	東安動力	2005-03-05	0.541,667
600179	黑化股份	2005-04-07	0.808,333
600185	海星科技	2005-04-12	0.85
600218	全柴動力	2005-03-25	0.708,333
600226	昇華拜克	2005-03-08	0.816,667
600262	北方股份	2005-03-02	0.516,667
600276	恒瑞醫藥	2005-01-25	0.458,333

表(續)

證券代碼	證券簡稱	定期報告實際披露日期[報告期]2004年度	滯后比
600337	美克股份	2005-04-06	0.8
600350	山東高速	2005-03-10	0.583,333
600351	亞寶藥業	2005-03-01	0.508,333
600367	紅星發展	2005-03-17	0.641,667
600393	東華實業	2005-03-21	0.675
600395	盤江股份	2005-04-26	0.966,667
600398	凱諾科技	2005-01-29	0.241,667
600400	紅豆股份	2005-03-15	0.625
600511	國藥股份	2005-03-29	0.75
600533	栖霞建設	2005-02-04	0.291,667
600561	江西長運	2005-03-29	0.741,667
600592	龍溪股份	2005-03-31	0.75
600620	天宸股份	2005-03-04	0.533,333
600628	新世界	2005-02-23	0.441,667
600635	大眾公用	2005-06-30	1.5
600636	三愛富	2005-03-24	0.7
600644	樂山電力	2005-04-20	0.916,667
600649	原水股份	2005-03-30	0.75
600655	豫園商城	2005-03-26	0.716,667
600663	陸家嘴	2005-03-15	0.625
600677	航天通信	2005-04-23	0.941,667
600688	S上石化	2005-03-24	0.7
600710	常林股份	2005-03-31	0.75
600724	寧波富達	2005-03-11	0.591,667
600726	華電能源	2005-03-25	0.708,333
600736	蘇州高新	2005-04-14	0.866,667

表(續)

證券代碼	證券簡稱	定期報告實際披露日期[報告期]2004年度	滯后比
600738	蘭州民百	2005-03-18	0.65
600741	巴士股份	2005-03-26	0.716,667
600765	力源液壓	2005-04-14	0.866,667
600768	寧波富邦	2005-03-02	0.516,667
600791	天創置業	2005-02-16	0.383,333
600795	國電電力	2005-03-03	0.525
600802	福建水泥	2005-03-29	0.741,667
600809	山西汾酒	2005-04-06	0.8
600812	華北制藥	2005-04-23	0.941,667
600815	廈工股份	2005-04-26	0.966,667
600837	都市股份	2005-03-28	0.733,333
600850	華東電腦	2005-03-02	0.516,667
600877	中國嘉陵	2005-04-20	0.916,667
600884	杉杉股份	2005-02-04	0.283,333

國家圖書館出版品預行編目(CIP)資料

上市公司訊息披露質量評價及市場效應研究 / 余杰 著. -- 第一版.
-- 臺北市：崧博出版：崧燁文化發行，2018.09

面； 公分

ISBN 978-957-735-478-5(平裝)

1.上市公司 2.財務管理 3.中國

553.9   107015225

書　名：上市公司訊息披露質量評價及市場效應研究
作　者：余杰 著
發行人：黃振庭
出版者：崧博出版事業有限公司
發行者：崧燁文化事業有限公司
E-mail：sonbookservice@gmail.com
粉絲頁　　　　　　網　址：
地　址：台北市中正區重慶南路一段六十一號八樓 815 室
8F.-815, No.61, Sec. 1, Chongqing S. Rd., Zhongzheng Dist., Taipei City 100, Taiwan (R.O.C.)
電　話：(02)2370-3310　傳　真：(02) 2370-3210
總經銷：紅螞蟻圖書有限公司
地　址：台北市內湖區舊宗路二段 121 巷 19 號
電　話：02-2795-3656　傳真:02-2795-4100　網址：
印　刷：京峯彩色印刷有限公司（京峰數位）

　　本書版權為西南財經大學出版社所有授權崧博出版事業有限公司獨家發行
　　電子書繁體字版。若有其他相關權利及授權需求請與本公司聯繫。

定價：300 元
發行日期：2018 年 9 月第一版
◎ 本書以POD印製發行